Michaela Thöni-Kohler

Heilende Schnäpse aus den Alpen

MICHAELA
THÖNI-KOHLER

HEILENDE SCHNÄPSE AUS DEN ALPEN

DESTILLATE, ANSATZSCHNÄPSE UND LIKÖRE SELBSTGEMACHT

INHALT

VORWORT

Da ich direkt unter dem Brennereidorf Stanz bei Landeck aufgewachsen bin, ist das Schnapsbrennen immer präsent gewesen in meinem Leben. Die Obstproduktion hat in dem auf 1000 m Seehöhe gelegenen Dorf eine lange Tradition und damit auch das Schnapsbrennen. Die Stanzer Zwetschke ist bereits über die Landesgrenzen hinaus für ihren vollmundigen Geschmack bekannt und wird auch zu Schnaps verarbeitet. Die Dichte an Brennereien in Stanz ist bemerkenswert: Auf ca. 150 Haushalte kommen 54 Brennereien.

Eine langjährige Freundschaft verbindet mich mit der Familie Nothdurfter aus Stanz bei Landeck, bei welcher ich mich besonders für die Hilfe bedanken möchte. Stefan war mit seinem Wissen zur Schnapsbrennkunst, seiner Tatkraft und dem Zurverfügungstellen seiner Brennerei als Location für Fotos eine wichtige Bereicherung für mein Projekt.

Auf meinen Recherchereisen für dieses Buch war ich im gesamten Alpenraum unterwegs. Ich begann in der Chartreusegruppe, besuchte das Mont-Blanc-Gebiet in Frankreich, setzte meine Erkundungstour im Engadin und dem Appenzellerland fort, bis ich über das Aostatal in meine Heimat Tirol zurückkehrte, um anschließend noch Bayern zu erforschen.

Es war eine wundervolle Bereicherung, Menschen kennenzulernen, die sich der Herstellung von besonderen Schnäpsen oder Likören verschrieben haben. An dieser Stelle möchte ich mich bei allen bedanken, die sich Zeit für mich genommen und mir Einblicke in ihr Tun gewährt haben.
Es war mir eine Ehre, so viele besondere Produzenten zu treffen. Ohne sie wäre dieses Buch nicht zu dem geworden, was es ist.

Außerdem möchte ich mich bei meinem Sohn Moritz und meinem Mann Christoph dafür bedanken, dass sie mit mir eine Entdeckungsreise durch die französischen Alpen unternommen haben.

EINFÜHRUNG

Die Alpen sind das höchste Hochgebirge in Mittel- und Südeuropa. Ihre Entstehung begann vor 250 Millionen Jahren. Sie erstrecken sich von Frankreich über die Schweiz und Italien nach Österreich. Am Rande streifen sie Liechtenstein, Deutschland und Slowenien. Viele Geschichten und Sagen ranken sich um diese Berge. Sie selbst sowie die sie umgebende Landschaft haben schon viele Dichter und Geschichtenschreiber inspiriert, darunter Franz Grillparzer, Friedrich Nietzsche oder Rainer Maria Rilke. Bis heute üben die Alpen auf Menschen aus der ganzen Welt eine besondere Faszination aus.

Einem Berge
„Du, Berg, bist gut. Auf deinen Matten ruht
Das Auge gern und gern auf deinem Wald;
Du bist nicht hoch und stattlich von Gestalt,
Doch macht dein sanfter Reiz dem Träumer Mut.
Die Sonne liegt auf deiner breiten Brust
Den langen Tag; du gibst sie uns zurück;
Und über deinem gütevollen Glück
Entlässt das Herz die letzte böse Lust."

Christian Morgenstern

Durch die abgeschiedene Lage vieler Täler haben sich die jeweiligen Kulturformen und Bräuche ausgeprägt entwickelt und sind oft noch gut erhalten. Auch prägt eine Vielzahl an Dialekten die verschiedenen Sprachräume der Alpen. Und schließlich geben Musik und Kulinarik jeder Bergregion eine klare und einzigartige Identität.

Das gesunde Schnapserl hat im Alpenraum eine lange Tradition. Alkohol bot den Menschen in den Alpen seit dem Mittelalter die Möglichkeit, die Wirkstoffe aus Pflanzen zu extrahieren und diese auch nahezu unbegrenzt haltbar zu machen. Im Laufe der Zeit entwickelte sich eine Vielzahl an verschiedenen alpinen Spirituosen. In diesem Buch liegt der Fokus auf der langen Tradition der Herstellung von Heilschnäpsen und gesunden Likören. Zu den wohl bekanntesten gehören der Enzer (Schnaps aus Enzianwurzel), verschiedene Alpenbitter und der Absinth. Ein Schnapserl gehört im Gebirge einfach dazu und wird bei vielen Gelegenheiten getrunken: zur Jause bzw. Marend, wenn Gäste kommen, um auf das neue Jahr anzustoßen oder aus gesundheitlichen Gründen.

Besonders schön sind der französische Ausdruck für Schnaps „Eau de vie" und das italienische „Aquavitae", die beide so viel wie „Wasser

des Lebens" bedeuten. Das drückt besonders gut aus, welche Bedeutung Destillate und alkoholische Auszüge für die Menschen früher hatten und immer noch haben. Sie wurden und werden als Medizin eingesetzt, auch um das Leben zu verlängern.

Durch missbräuchliche Verwendung ist der Alkohol leider auch in Verruf geraten. Denn so wie bei allen Dingen macht es eben die Dosis aus. Alkohol birgt auch Gefahren und man sollte ihn nur mit Bedacht anwenden bzw. genießen.

„NICHTS IST OHNE GIFT.
ALLEIN DIE DOSIS MACHT,
DASS ES KEIN GIFT IST."
PARACELSUS

Der stetig steigende Verbrauch an Alkohol der Bevölkerung führte schließlich dazu, dass die Alkoholherstellung reglementiert werden musste. Brennrechte wurden vergeben und es wurde und wird auch streng kontrolliert, was und wie viel gebrannt wird.

Dieses Buch ist kein Fachbuch für Schnapsbrenner darüber, wie man am besten destilliert, sondern es soll einen Überblick über die besonderen, gesunden Schnapserln aus den Alpen – Angesetzte, Destillate, Liköre, Einreibungen – und deren gesundheitlichen Nutzen bieten. Allerdings kannst du hier nachlesen, wie das Destillieren grundsätzlich funktioniert und du findest einfache Rezepte zur Herstellung von Ansatzschnäpsen, Likören und Einreibungen für den Hausgebrauch. Zudem erfährst du, wie man die Pflanzen am besten erntet und verarbeitet.

DIE ALPENLÄNDISCHE VOLKSHEILKUNDE

Die besondere geografische Situation in den Alpen hat dazu geführt, dass sich in den verschiedenen Tälern, bedingt durch ihre Abgeschiedenheit, die Volksheilkunde durchaus individuell entwickelt hat.

Bis ins letzte Jahrhundert waren Ärzte, Apotheken oder Hospitäler nicht überall verfügbar und oft nur sehr schwer zu erreichen. Außerdem konnten sich die Bauern aus den Tälern eine medizinische Versorgung beim Arzt oder im Krankenhaus meist gar nicht leisten.

Deshalb war es wichtig, sich selbst helfen zu können. Dies geschah meist durch die Nutzung von heimischen Pflanzen – welche auch immer zur Verfügung standen. Teil der Heilkunde waren oft auch tierische Mittel, die sogenannte „Drecksapotheke", und magische Rituale (Aberglaube), welche zur Heilung oder zum Schutz dienten. Manches ist aus dieser Zeit noch erhalten geblieben, so zum Beispiel die Verwendung des Murmeltierfettes bei Entzündungen oder das Anbringen von Schutzpflanzen an der Stalltür.

Außerdem wurden auch die sogenannten Bauerndoktoren aufgesucht, um sich Hilfe zu holen. Diese waren keine studierten Mediziner, sondern meist Laien, die sich das Wissen bei anderen Bauerndoktoren oder durch Erfahrung angeeignet hatten. Oft waren sie auch als Hebammen oder Viehdoktoren tätig.

Klöster spielten im Mittelalter eine wichtige Rolle als Orte der Wissensbewahrung und Anwendung der Heilkunde. Es gab in den Klöstern, in den sogenannten Infirmarien, medizinische Versorgung für die arme bäuerliche Bevölkerung. Die Arzneien dafür wurden in den Klöstern meist selbst hergestellt, die Pflanzen dafür im dazugehörigen Klostergarten angepflanzt. Wichtige Methoden zur Konservierung dieser Heilpflanzen waren die Herstellung von Ansatzschnäpsen und die Destillation.

Die Benediktinermönche brachten auch verschiedene Pflanzen aus dem Mittelmeerraum, wie Rosmarin, Lavendel usw., in unsere Region und bauten diese in den Klostergärten an. Klöster bewahrten als kulturelle Zentren heilkundliches Wissen, da sie viele Bücher, darunter auch welche über Heil- und Kräuterkunde, vervielfältigten und in ihren Bibliotheken über Jahrhunderte sorgsam hüteten.

Noch heute werden in Klöstern Heilschnäpse und andere pflanzliche Heilmittel nach alten Rezepten hergestellt. Die Rezepturen für die Klosterschnäpse und -liköre sind meist ein streng gehütetes Geheimnis.

Auch in den Burgen gab es meist einen Kräutergarten und in manchen Burgbibliotheken fanden sich medizinische Bücher. Die Herrscher bezogen Arzneien, wie zum Beispiel Weihrauch, Ingwer oder Pfeffer, von fahrenden Kaufleuten und Apotheken. Auf diese Weise wurden sowohl die Familie des Burgherrn als auch die Burgbewohner medizinisch versorgt.

Das volksheilkundliche Wissen fußte in erster Linie auf Erfahrung. Wie Pflanzenstoffe nun genau auf den menschlichen Körper einwirken, war nicht bekannt. Krankheiten wurden oft als Dämon oder Fluch angesehen, das volksheilkundliche Wissen meist mündlich weitergegeben und nur selten niedergeschrieben.

Bis ins 19. Jahrhundert hinein war die Medizin von der antiken Humoralpathologie (Vier-Säfte-Lehre) geprägt. Diese ging davon aus, dass die richtige Mischung bzw. Zusammensetzung der Körpersäfte die Voraussetzung für Gesundheit ist. Die vier Säfte Gelbe Galle (cholera, colera), Schwarze Galle (melancholia, melancolia), Blut (sanguis) und Schleim (phlegma, flegma) mussten zur Heilung wieder in Einklang gebracht werden.

Danach setzte sich ein mechanistisches Weltbild durch, in welchem man den Körper nicht mehr ganzheitlich betrachtete, sondern als Ansammlung von Einzelteilen, welche auch als solche behandelt wurden. Das volksheilkundliche Wissen rückte in den Hintergrund und wurde oft von den Medizinern sogar belächelt.

WICHTIGE ÄRZTE UND GELEHRTE

Einige wichtige Ärzte und Gelehrte, welche auch die alpine Volksheilkunde beeinflussten, möchte ich hier kurz vorstellen, da sie in diesem Buch öfter Erwähnung finden.

Darstellung des griechischen Arztes Pedanios Dioskurides aus dem Kodex Medicina um 1250

Pedanios Dioskurides war ein griechischer Arzt, der im 1. Jahrhundert zu Zeiten des Kaisers Nero in der römischen Provinz Kilikien lebte. Dioskurides gilt als Pionier der Pharmakologie. In seinem berühmtesten Werk „Materia medica" („Über Arzneistoffe") beschreibt er ca. 1000 Arzneimittel pflanzlichen, tierischen und mineralischen Ursprungs und 4740 medizinische Anwendungen.

Hildegard von Bingen war Universalgelehrte & Nonne.

Die Deutsche Hildegard von Bingen (11./12. Jh.) war Benediktinerin, Äbtissin, Dichterin, Komponistin und Universalgelehrte. Sie verfasste zahlreiche Schriften und gründete das Kloster Rupertsberg, welches heute nur noch eine Ruine ist. Sie beschrieb in ihren Werken Krankheiten und pflanzliche Heilmittel.

Hieronymus Bock (15./16. Jh.) war ein deutscher Botaniker, Arzt und lutherischer Prediger. Er zählt zu den „Vätern der Botanik". Sein Buch „New Kreütter Bůch von underscheydt, würckung und na-

Hieronymus Bock in einem Kräuterbuch um 1551

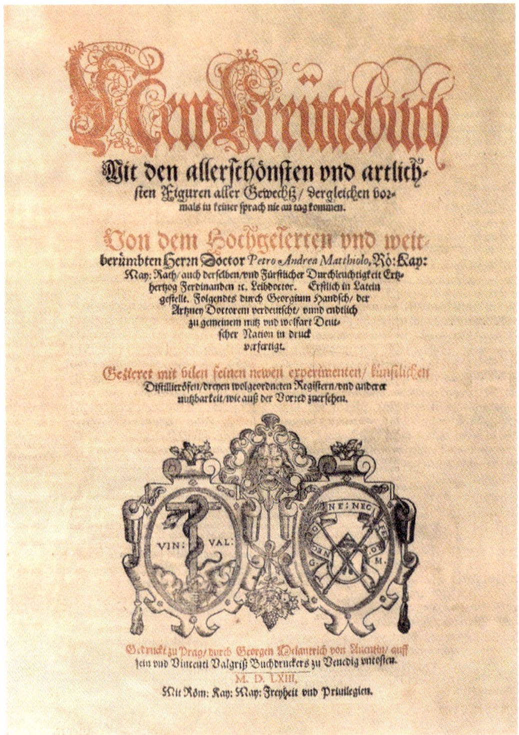
New Kreütterbuch
Mit den allerschönsten vnd artlichsten Figuren aller Gewechß/ dergleichen vormals in keiner sprach nie an tag kommen.
Von dem Hochgelerten vnd weitberümbten Herrn Doctor Petro Andrea Matthiolo, Rö: Kay: May: Rath/ auch derselben/vnd Fürstlicher Durchleuchtigkeit Ertzhertzog Ferdinanden 2c. Leibdoctor. Erstlich in Latein gestellt. Folgendts durch Georgium Handsch/ der Artzney Doctorem verdeutscht/ vnnd endlich zu gemeinem nutz vnd wolfart Deutscher Nation in druck verfertigt.
Gezieret mit vilen feinen newen experimenten/ künstlichen Distillieröfen/dreyen wolgeordneten Registern/vnd anderer nutzbarkeit/wie auß der Vorred zusehen.
VIN: VAL:
NE: NEC
Getruckt zu Prag/durch Georgen Melantrich von Auentyn/ auff sein vnd Vincenti Valgriß Buchdruckers zu Venedig vncosten.
M. D. LXIII.
Mit Röm: Kay: May: Freyheit vnd Priuilegien.

Titelseite des „New Kreüterbuch" von Mattioli aus dem Jahr 1563

men der kreütter so in Teütschen landen wachsen. Auch der selbigen eygentlichem und wolgegründetem gebrauch in der Artznei, zů behalten und zů fürdern leibs gesuntheyt fast nutz und tröstlichen, vorab gemeynem verstand" erschien in erster, nicht illustrierter Auflage in Straßburg im Jahr 1539.

Pietro Andrea Gregorio Mattioli (16. Jh.) war ein italienischer Arzt und Botaniker sowie Leibarzt von Erzherzog Ferdinand II. und von Kaiser Maximilian II. Der Humanist und Arzt Georg Handsch (16. Jh.) arbeitete gemeinsam mit Mattioli an verschiedenen Büchern wie dem „New Kreüterbuch" von 1563.

Diese beiden Ärzte waren auch im Umfeld der Philippine und Anna Welser zu finden. Philippine Welser (16. Jh.), eine Augsburger Patriziertochter und die erste Ehefrau von Erzherzog Ferdinand II., lebte und starb auf Schloss Ambras in Tirol. Berühmt sind ihr Kochbuch und das Arzneimittelbuch (Handschrift, ca. 1560–1570), welches aber eigentlich ihre Mutter Anna Welser verfasste.

Theophrastus Bombast von Hohenheim, genannt „Paracelsus" (15./16. Jh.), war ein Schweizer Arzt, Naturphilosoph, Alchemist, Laientheologe und Sozialethiker. Er war zu seiner Zeit einer der berühmtesten europäischen Ärzte. Er stellte die Humoralpathologie (Vier-Säfte-Lehre) in Frage. Für ihn war die Betrachtung der Zusammenhänge wichtig. Eine Krankheit führt er auf fünf Ursachen – auch entia genannt – zurück. Sobald diese gefunden war, konnte die Krankheit durch Wiederherstellung des Gleichgewichts im Körper mithilfe wirksamer Arzneimittel beseitigt werden.

Der bayerische römisch-katholische Priester Sebastian Anton Kneipp (19. Jh.) war Naturheilkund-

Porträt von Paracelsus aus dem 17. Jahrhundert

Pfarrer Sebastian Kneipp im „Großen Kneippbuch" 1915

ler. Er machte die Wasserkuren und das Wassertreten bekannt und beschäftigte sich auch mit der Pflanzenheilkunde. Seine 5 Säulen der Gesundheit haben noch heute viele Anhänger. Lebensordnung (Harmonie von Körper, Geist und Seele), Ernährung (Freude an gesundem, sinnvollem Essen), Bewegung (Regelmäßige Bewegung als Basis für einen gesunden Körper), Heilpflanzen (gegen jede Art von Beschwerde ist ein helfendes Kraut gewachsen) und Wasser & Wickel (Wassertreten – die heilende Kraft des Wassers) sind die Pfeiler seiner Theorie.

Kräuterpfarrer Johann Künzle (1857–1945) war ein katholischer Schweizer Pfarrer und Publizist. Er ist einer der bekanntesten Kräuterpfarrer und beschäftigte sich mit Alternativmedizin und der Pflanzenheilkunde. Seine wichtigsten Werke sind das „Grosse Kräuterheilbuch" (1944) und das Buch „Chrut und Uchrut".

Erhaltene Arznei- & Destillierbücher aus dem Alpenraum

Im Jahr 1500 erschien das „Kleine Destillierbuch" oder auch „Liber de arte distillandi de simplicibus" des Straßburger Wundarztes Hieronymus Brunschwig, ein spätmittelalterliches Lehrbuch der Destillation zur Herstellung einfacher Heilmittel, in welchem Destillationsgeräte und -methoden beschrieben wurden.

1512 folgte sein „Großes Destillierbuch" bzw. „Liber de arte Distillandi de Compositis". In diesem Werk beschreibt Brunschwig Pflanzen, die in bis dahin erschienenen Kräuterbüchern noch nicht

„Das buch der rechten Kunst zu distilieren die einzige Ding" auch das kleine Destillierbuch genannt, von Hieronymus Brunschwig

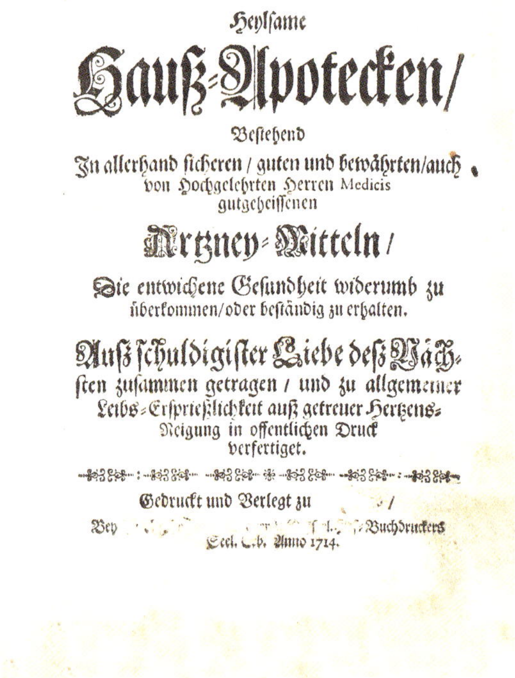
Heylsame
Hauß-Apotecken/
Bestehend
In allerhand sicheren / guten und bewährten/auch von Hochgelehrten Herren Medicis gutgeheissenen
Artzney-Mitteln/
Die entwichene Gesundheit widerumb zu überkommen/oder beständig zu erhalten.
Auß schuldigister Liebe deß Nächsten zusammen getragen / und zu allgemeiner Leibs-Ersprießlichkeit auß getreuer Hertzens-Neigung in offentlichen Druck verfertiget.
Gedruckt und Verlegt zu [illegible]
Bey [illegible] Buchdruckers [illegible] Anno 1714.

„Heylsame Haus-Apotheken", gedruckt 1714 in Innsbruck

berücksichtigt worden waren, und leistet botanische Pionierarbeit. Arzneimittel pflanzlicher sowie tierischer Herkunft werden darin beschrieben, darunter auch gänzlich ungewöhnliche.

„Innsbrucker Kräuterbuch" oder „Prüller Kräuterbuch" heißt das erste Buch über Heilkräuter in deutscher Sprache, es wurde im 12. Jh. geschrieben. Leider ist es nicht mehr vollständig vorhanden.

Das Stamser Arzneibuch (12. Jh.) ist ein schulmedizinisches Buch und beschreibt die Behandlung von Krankheiten von „Kopf bis Fuß" und die Wirkung von 19 Heilpflanzen.

Das Arzneibuch der Alt-Taentzlin (vor 1550, Schwaz) ist eine Rezeptsammlung, in welcher man auch Tipps zur Schönheitspflege findet.

Das Arzneibuch der Philippine Welser (1560–1580) wurde eigentlich von Philippines Mutter Anna Welser geschrieben und enthält viele Rezepte.

Von Susanna von Tobar stammt ein 1565 verfasstes Hausarzneibuch. Das Buch ist eine Sammlung von Rezepten, deren Herkunft nur teilweise bekannt ist. Von Tobar war von 1560 bis 1566 Hofmeisterin am Innsbrucker Hof.

Das „Ertzney-Buech" von Melchior Miersperger (1607, Kitzbühel) ist ein buntes Sammelsurium an Rezepten und Heilmitteln für verschiedenste Krankheiten und Verletzungen. Miersperger war Wundarzt in Kitzbühel und versorgte dort die durch den Bergbau relativ wohlhabende Bevölkerung.

Destille mit vier Öfen – Abbildung um 1500

Die „Heylsame Hauß-Apotecken" (1714, Innsbruck) hat ein anonymer Autor verfasst, welcher zwar medizinischer Laie war, sich aber ein gewisses Fachwissen angeeignet hatte. In den Rezepten und Anwendungen werden eine Vielzahl an Heilpflanzen, aber auch tierische Stoffe benutzt.

Das „Arzney-Buech" des Johannes Wagner (18. Jh., Achental) wurde nicht von Johannes Wagner verfasst, er schrieb nur den Titel ab. Es ist eine Sammlung von Rezepten und Empfehlungen für die Gesundheit und zur Erlangung besonderer Fähigkeiten.

Man findet in diesen Büchern viele Rezepte, die in der heutigen Zeit nur schwer nachzuvollziehen sind oder sich – auf Grund der teilweise giftigen Ingredienzien – nicht zur Nachahmung empfehlen.

„MIT JEDEM SCHRITT UND TRITT, WELCHEN WIR IN DER HERRLICHEN GOTTESNATUR MACHEN, BEGEGNEN WIR IMMER WIEDER NEUEN PFLANZEN, DIE FÜR UNS HÖCHST NÜTZLICH UND HEILBRINGEND SIND."

SEBASTIAN KNEIPP

BEGRIFFSDEFINITIONEN

Es ist gar nicht so einfach, sich im Gewirr der Fachbegriffe rund um Schnaps, Spirituosen und Destillate zurechtzufinden. Deshalb ist es notwendig, sich zuerst über die einzelnen Ausdrücke, welche im alltäglichen Sprachgebrauch oft falsch verwendet werden, Gedanken zu machen.

Die Definitionen der hier genannten Begriffe, nehmen Bezug auf das „Österreichische Lebensmittelbuch" (Codex Alimentarius Austriacus), Kapitel B 23 Spirituosen (veröffentlicht mit Geschäftszahl: BMSGPK-2020-0.465.704 vom 05.08.2020 – Neufassung gültig ab 25.05.2021 – Änderungen, Ergänzungen: 2022-0.429.891 vom 28.06.2022) bzw. auf die Verordnung der EU (Amtsblatt der Europäischen Union), sofern die Begriffe darin definiert sind.

EIN KLEINES SCHNAPS-ABC

ABFINDUNGSBRENNER

Das ist eine Brennerei (Destille), welche während des Brennvorgangs nicht unter zollamtlicher Kontrolle steht. Die Steuern werden pauschal ermittelt. Der Brenner/die Brennerin muss Stoffbesitzer oder -besitzerin sein, das heißt die Rohware (z. B. Obst) selbst besitzen bzw. anbauen.

Die Alkoholmenge (Abfindungsmenge), welche hergestellt werden darf, und der zum Herstellen der Abfindungsmenge erforderliche Zeitraum (Brenndauer) werden durch Verordnung pauschal aufgrund von Durchschnittswerten bestimmt. Der so hergestellte Schnaps darf nicht an Händler oder über den Lebensmitteleinzelhandel verkauft werden.

ALEMBIK, ALAMBIK, DESTILLIERHELM, HELM ODER BRENNHUT

ist ein Aufsatz auf das Destillationsgefäß zur Trennung von Stoffen durch Erhitzen und anschließendes Abkühlen.

ALKOHOL (AUCH ETHANOL ODER ETHYLALKOHOL)

Das Wort „Alkohol" stammt aus dem Arabischen „al-kuhl" und bedeutet so viel wie „das Feinste". Umgangssprachlich meint man, wenn man von Alkohol spricht, den berauschenden Anteil von alkoholischen Getränken. Alkohol entsteht durch Fermentation, das heißt durch Vergärung von Frucht- oder Malzzucker oder Destillation von vergorenen, alkoholhaltigen Flüssigkeiten.

ANSATZSCHNAPS, AUSZUGSSCHNAPS, ANGESETZTER

Früchte, Beeren, Kräuter oder Wurzeln werden in neutralem Alkohol ausgezogen. Die Volumenprozent und die Ausziehdauer variieren. Ein typischer Auszugsschnaps ist zum Beispiel der „Nusseler", der aus grün geernteten Walnüssen hergestellt wird.

BRAND

Als Brände bezeichnet man aus vergorenen Flüssigkeiten oder vergorenen Maischen zuckerhaltiger oder verzuckerter stärkehaltiger Rohstoffe unter Beibehaltung des ihnen eigenen Aromas gewonnene Destillate sowie daraus durch Herabsetzung des Alkoholgehalts mit Trinkwasser hergestellte Produkte. Der Alkoholgehalt muss mindestens 38 Volumenprozent betragen. Ein Brand muss immer durch Destillation hergestellt werden und das Zusetzen von Aromastoffen ist nicht erlaubt.

DESTILLAT

Der Begriff Destillat ist nicht gesetzlich definiert. Ein Destillat wird aber immer durch Einmaischen und anschließendes Destillieren der Maische hergestellt.

DESTILLE

Eine Destille ist ein Gerät zur Herstellung von hochprozentigem Alkohol. Eine Destille oder Brennerei-Destille bis zu zwei Liter ist in Österreich meldefrei (diese Regelung ist je nach Land unterschiedlich – am besten vor der Anschaffung einer Destille beim zuständigen Zollamt erkundigen). Durch Vergärung zuckerhaltiger Substanzen entsteht Alkohol von maximal 18 Volumenprozent. Mit einer Destille kann man höherprozentigen Alkohol herstellen. Im Wesentlichen besteht eine Destille aus drei Teilen: einem Behälter zum Verdampfen von Flüssigkeiten, einem Kühler und einem Auffanggefäß. Eine Mischung von Wasser und Alkohol bzw. die Maische wird erhitzt, der enthaltene Alkohol wird früher zu Gas als das Wasser und steigt dadurch auf. Das Gas kühlt im Kühler ab, kondensiert und wird aufgefangen. Genaueres zum Destillieren findet man im Kapitel Destillation auf Seite 26.

ELIXIER

Als Elixier bezeichnet man einen in Wein oder Alkohol gelösten Auszug aus Heilpflanzen.

ESSENZ

Der Begriff stammt vom lateinischen „essentia" und bedeutet so viel wie „das Wesen einer Sache". Eine Essenz ist eine konzentrierte Lösung aus organischen Stoffen.

GEIST

Anders als ein Brand wird ein Geist nicht aus einer Maische destilliert. Für einen Geist werden Wurzeln, Kräuter oder Früchte verwendet, die wegen zu geringem Zuckergehalt nicht zum Vergären geeignet sind, aber ein besonderes Aroma oder einen speziellen Wirkstoff besitzen.

Sie werden in hochprozentigem Neutralalkohol eingelegt (man nennt das auch „mazerieren"), so dass die Aromen in den Alkohol übergehen. Anschließend wird dieser Alkohol-Ansatz (= Mazerat) destilliert. Ein Geist kann auch hergestellt werden, indem man Neutralalkohol destilliert und dabei Kräuter, Wurzeln, Gewürze, Obst oder Beeren in den Aromakorb gibt. Die Aromen gehen so in den Neutralalkohol über.

GIGGUS

„Giggus" ist ein altes Dialektwort aus dem Rätoromanischen und heißt so viel wie „scharfes Wasser". Giggus nennt man in manchen Regionen auch einen Schnaps, der zur Arbeit im Wald oder auf der Wiese mitgenommen wird.

KOLONNENDESTILLE ODER KOLONNENBRENNEREI

Im Gegensatz zu einer einfachen, traditionellen Brennanlage hat eine Kolonnenbrennerei sogenannte „Verstärkerböden" integriert, das sind eigentlich zusätzliche Brennblasen. Durch diese können mehrere Brenndurchgänge in einem Vorgang absolviert werden.

LIKÖR

Liköre sind mit Zucker oder Honig gesüßte Spirituosen (die Basis bilden entweder Brände, Geiste oder Ansatzschnäpse). Zudem werden Auszüge von Früchten, Kräutern, Wurzeln oder Nüssen hinzugefügt. Meistens sind Liköre nicht so stark wie Brände oder Geiste. Der Mindestzuckergehalt beträgt 100 g pro Liter (Invertzucker). Bei Fruchtlikören beträgt der Mindestfruchtsaftgehalt 20 Liter pro 100 Liter Fertiggetränk. Der Alkoholgehalt muss mindestens 15 Volumenprozent betragen.

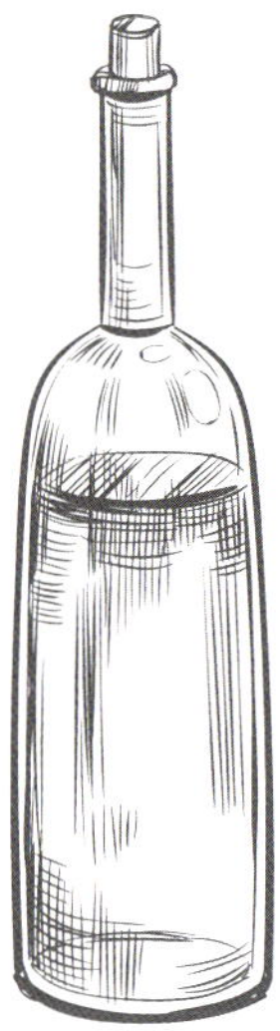

MAISCHE

Für die Herstellung einer Maische werden vollreife, gesunde und saubere Früchte verwendet. Das Ausgangsmaterial muss Zucker enthalten, dieser Fruchtzucker wird in Alkohol umgewandelt. Die Früchte werden von Stielansätzen und Kernen befreit und zerquetscht oder anderweitig zerkleinert. Werden die Steine, Kerne oder Stiele nicht entfernt, sollten sie nicht zerstört werden, weil sie sonst das Aroma mit einem Bittermandelton überlagern. Um die Maische vor dem Verderb zu schützen, kann Säureschutz hinzugefügt werden. Mit Hilfe von Hefe wird eine kontrollierte Gärung herbeigeführt. Die Gärung dauert unterschiedlich lange und wird ständig überwacht. Die entstehende Kohlensäure muss aus dem Maischebehälter entweichen können, dafür sorgt zum Beispiel ein Gärspund. Nach abgeschlossener Gärung wird die Maische in der Destille gebrannt. Nur wenn das Ausgangsmaterial von bester Qualität ist, kann auch das Destillat hervorragend werden.

MAZERATION

Bei der Mazeration werden Kräuter, Wurzeln, Gewürze, Obst oder Beeren in Alkohol eingelegt und so mazeriert (ausgezogen). Die Dauer der Mazeration und die Volumenprozent des Alkohols variieren. Eine Mazeration kann kalt oder warm erfolgen.

QUALITÄTSBRAND ODER QUALITÄTS-EDELBRAND

Alle Qualitätsbrände haben gemeinsam, dass sie ausnahmslos in Österreich hergestellt und ohne jegliche Süßung – und auch ohne sonstige Abrundungsmittel (z. B. Sorbit, Glycerin, Fruchtsäfte, Fruchtextrakte) – hergestellt werden. Der Alkohol stammt ausschließlich aus der namensgebenden Frucht. Das Destillat wird mit Wasser auf Trinkstärke gebracht. Meist sind das zwischen 40 und 45 Volumenprozent Alkohol.

SALTBRENNTER

Ist das Tiroler Wort für einen selbstgebrannten Schnaps.

SCHNAPS

Schnaps ist eine Spirituose. Es sind gestreckte bzw. verdünnte Edelbrände. Der Brandanteil muss mind. 33 % des Gesamtalkohols betragen. Der Alkoholgehalt muss mindestens 35 Volumenprozent betragen. (Definition nach Peter Jäger)

Spirituose

Der Begriff Spirituose stammt vom lateinischen Wort „spiritus" = „Geist" bzw. „spirituosa" = „Geistiges" ab. Spirituosen sind gemäß Verordnung Nr. 14 alkoholische, zum menschlichen Verzehr bestimmte Getränke mit besonderen sensorischen Eigenschaften und einem Alkoholgehalt von mindestens 15 Volumenprozent. Ihre Herstellung kann auf unterschiedlichste Weise erfolgen. Alle Spirituosen haben gemeinsam, dass sie Alkohol enthalten, der mittels Destillation von vergorenen zuckerhaltigen Stoffen gewonnen wurde.

Spirituosen bezeichnen also alle Produkte zwischen Bränden und Likören, die Grundlage bilden Brand, Geist oder Neutralalkohol, der Zuckergehalt beträgt unter 100 g/l.

Tinktur

Nach der Definition des europäischen Arzneibuches ist eine Tinktur ein alkoholischer Auszug aus getrockneten Heilpflanzen, meist in Alkohol mit 40 bis 70 Volumenprozent im Verhältnis 1:5 oder 1:10 (Pflanze zu Alkohol). In diesem Buch wird der Begriff Tinktur der Einfachheit halber für alkoholische Auszüge von getrockneten oder auch frischen Heilpflanzen in Alkohol von unterschiedlichen Volumenprozent verwendet.

Verschlussbrennerei

Eine Verschlussbrennerei ist als Gewerbe anzumelden und es gelten wesentlich strengere Auflagen als bei der Abfindungsbrennerei. Eine Verschlussbrennerei darf Rohstoffe zukaufen, jede gewünschte Menge brennen und an jede (volljährige) Person verkaufen, dafür muss aber auch der volle Steuersatz von zwölf Euro pro Liter reinem Alkohol (Stand März 2024) bezahlt werden. Die Destille wird verplombt und die Entnahme kann nur über eine mechanische Messuhr erfolgen. Monatlich kommt ein Zollbeamter und überprüft die erzeugte Alkoholmenge.

Urtinktur

Nach der Definition des europäischen Arzneibuches ist eine Urtinktur ein alkoholischer Auszug aus frischen Heilpflanzen, meist in Alkohol mit 90 Volumenprozent im Verhältnis 1:1 oder 1:10 (Pflanze zu Alkohol). Aus Urtinkturen werden homöopathische Arzneimittel hergestellt.

Weinbrand

Der Name kommt wahrscheinlich daher, dass in der Antike Wein destilliert wurde, um alkoholische Getränke herzustellen. Destillierte Getränke wurden deshalb oft als Weinbrand bezeichnet. Die Bezeichnung Weinbrand ist so definiert, dass es immer eine Spirituose sein muss, welche aus Wein gebrannt wurde.

DESTILLATION

Beim Destillieren (Schnapsbrennen) wird eine Alkohol-Wasser-Mischung oder Maische (Erklärung dazu: siehe Schnaps-ABC) zum Kochen gebracht. Dabei entsteht Dampf. In diesem ist die Alkoholkonzentration höher als in der ursprünglichen Mischung, da Alkohol bereits bei 78,3 Grad Celsius, Wasser aber erst bei 100 Grad Celsius zu kochen beginnt. Dieser Dampf steigt durch das Steigrohr zum Kühler und wird dort abgekühlt. So entsteht ein hochprozentiger Schnaps.

Solange die Temperatur steigt, tropft der Vorlauf aus der Destille. Dieser riecht nach Kleber, ist nicht genießbar und muss abgetrennt werden. Ab ca. 80 Volumenprozent tropft der Mittellauf aus der Brennanlage. Diesen Brand nennt man auch Herzstück. Das ist der Edelbrand.

Ab ca. 94 Grad Celsius beginnt der Nachlauf aus der Destille zu tropfen. Dieser hat nur mehr ca. 40 bis 50 Volumenprozent und muss ebenso wie der Vorlauf abgetrennt werden.

Der gewonnene Mittellauf hat ca. 80 Volumenprozent und muss noch auf eine Trinkstärke (von meist 40 bis 45 Volumenprozent Alkohol) verdünnt werden. Zudem ist oft eine Reifung von zwei Monaten oder mehr notwendig, um einen feinen, aromatischen Schnaps zu erhalten. Das geschieht am besten in kühlen, dunklen Räumen. Manche Destillerien lagern ihre Schnäpse auch wesentlich länger. Das können bis zu 15 Jahre im Fass oder im Glasballon (nur mit einem Gazetuch verschlossen) sein. Dabei verdunstet der sogenannte „Engelsanteil" an Alkohol. Je länger der Schnaps gelagert wird, desto mehr Alkohol verdunstet und desto milder wird das Destillat. Um den Alkoholgehalt festzustellen, verwendet man ein Alkoholometer.

DIE WICHTIGSTEN BEGRIFFE RUND UMS DESTILLIEREN

VORLAUF

Der Vorlauf muss abgetrennt werden, da er nicht trinkbar ist. Er enthält leicht siedende, flüchtige Inhaltsstoffe, die zuerst überdestillieren und riecht nach Kleber.

MITTELLAUF, HERZSTÜCK, HAUPTLAUF ODER EDELBRAND

Das Herzstück beim Destillationsvorgang, welches mit Wasser verdünnt den fertigen Schnaps ergibt.

NACHLAUF

Der Nachlauf muss abgetrennt werden, da er nicht trinkbar ist. Er enthält erst bei hoher Temperatur siedende, schwer flüchtige Inhaltsstoffe, die nach dem Mittellauf überdestillieren.

RAUBRAND (ODER AUCH LUTTER, LUTTERWASSER)

Raubrand ist der erste Abtrieb beim Doppelbrennen. Er ist trüb, nicht trinkbar und hat 20 bis 30 % vol. Alkohol.

FEINBRAND

Durch eine zweite Destillation wird aus dem Raubrand der Feinbrand. Vorlauf und Nachlauf werden abgetrennt.

GESCHICHTLICHES ZUR DESTILLATION

Das Wort Destillation wird vom lateinischen Wort „dē-stīllāre" hergeleitet, das so viel wie „tropfen", „herabträufeln" oder „von etwas triefen" bedeutet.

Bereits die Babylonier, Assyrer und Ägypter stellten vor ca. 5000 Jahren Alkohol in Form von Bier und Wein durch Vergärung her. Es kann nicht genau festgestellt werden, wann und wo die Destillation erfunden wurde. Es wäre möglich, dass dies im 4. Jahrhundert nach Christus in Alexandria geschah.

Der Arzt, Naturforscher und Philosoph Aristoteles (384 bis 322 v. Chr.) beschrieb erstmals die physikalischen Grundprinzipien der Destillation. Allerdings arbeitete man damals noch mit Luftkühlung, was keine besonders guten Ergebnisse brachte. Der durch Destillation entstandene Alkohol wurde für medizinische Zwecke verwendet und als „Heilwasser", „Lebenswasser" oder „Elixier des Lebens" bezeichnet. Das deutet auf seine Wichtigkeit und auf seine Verwendung hin.

Die Araber brachten um 700 n. Chr. die Destillation nach Europa. Sie hatten zu dieser Zeit bereits den Destillierkolben erfunden. Der persische Universalgelehrte und Arzt Avicenna (Abū Alī al-Husain ibn Abd Allāh ibn Sīnā, 980 bis 1037 n. Chr.) erfand zu Beginn des 11. Jahrhunderts das Prinzip der Wasserdampfdestillation zur Erzeugung von ätherischen Ölen. Zudem entwickelte er ein spiralförmiges Kühlrohr, welches es ermöglichte, den aufsteigenden Dampf in der Destille schneller zu kühlen als mit dem geraden Kühlrohr, welches die Destillatoren bis dahin verwendeten.

Im 12. Jahrhundert wurde das Destillationsverfahren in der medizinischen Schule von Salerno (Süditalien) zur Herstellung von alkoholischen Getränken angewandt.

Im Mittelalter entwickelten Mönche dieses Verfahren weiter und verfeinerten es. In Klöstern wurden vor allem „gesunde" Schnapserl, auch „brennendes Wasser" oder „aqua ardens" genannt, wie zum Beispiel Kräuterbitter hergestellt. Einige der damals entwickelten Rezepte für Kräuterschnäpse existieren immer noch.

Der italienische Arzt Thaddaeus Florentinus (Taddeo Alderotti, geb. zwischen 1205 und 1223 in Florenz, gestorben 1295 oder 1303 in Bologna) stellte erstmals um 1300 durch mehrere aufeinanderfolgende Destillationen reinen Alkohol mit bis zu 90 Volumenprozent her.

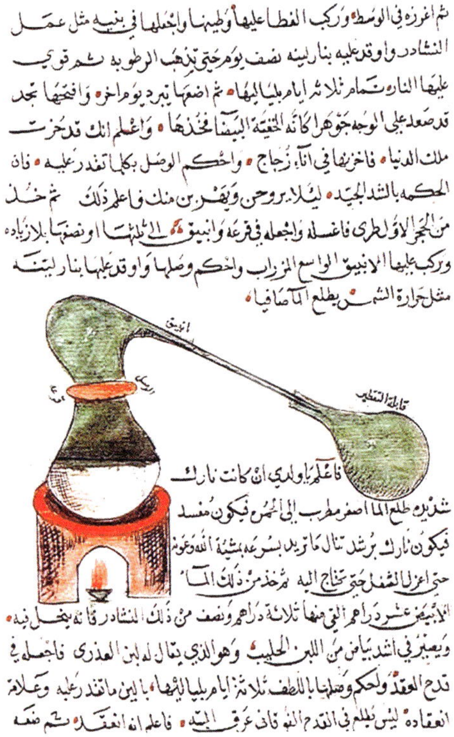

Arabischer Alambique

Hochprozentigen Alkohol stellten ab dem 14. Jh. vorwiegend Ärzte und Apotheker her. Während der großen Pestepidemie wurde Wacholderdestillat zur Bekämpfung eingesetzt. In Tirol finden sich bereits in den Jahren 1322 bis 1332 im landesfürstlichen Rechnungsbuch Einträge für heimisches „Aqua Vitae".

Erst später hat die – zumeist bäuerliche – Bevölkerung in den Alpen am Hof destilliert und auch regelmäßig Branntwein konsumiert. Im 15. bzw. 16. Jh. geschah das immer häufiger und daher wurde von Seiten der Landesherren auch die Branntweinsteuer eingeführt.

Der Universalgelehrte und Künstler Leonardo da Vinci (1452–1519) beschäftigte sich unter anderem auch mit Destillationsmethoden. In seinem „Codex Atlanticus" (Sammlung von Zeichnungen, Skizzen und Notizen) beschreibt er unter anderem sein Vorgehen bei der Pflanzendestillation.

Im Jahr 1500 erschien das „Kleine Destillierbuch" – „Liber de arte distillandi de simplicibus" des Straßburger Wundarztes Hieronymus Brunschwig. Ein spätmittelalterliches Lehrbuch der Destillation zur Herstellung einfacher Heilmittel, in welchem Destillationsgeräte und -methoden beschrieben wurden. Darin steht zum Beispiel geschrieben: *„Alle Wässer, die in Gläsern gebrannt werden, sind die besten ..."*

Die im Büchlein „Von den ausgebrannten Wässern" des Wiener Arztes Michael Puff (erschien erstmals 1477 in gedruckter Version) beschriebenen Destillate und ihre Wirkungen wurden von Brunschwig ins „Kleine Destillierbuch" integriert.

„DESTILLIEREN IST NICHTS ANDERES, ALS DAS SUBTILE UND GROBE VONEINANDER ZU SCHEIDEN, DAS ZERBRECHLICHE ODER ZERSTÖRLICHE UNZERSTÖRLICH, DAS MATERIALISCHE UNMATERIALISCH, DAS LEIBLICH GEISTLICH ZU MACHEN, DAS UNLEIBLICH LEIBLICH ZU BEHALTEN ..."

Hieronymus Brunschwig, 1551

1512 folgte sein „Großes Destillierbuch" – „Liber de arte Distillandi de Compositis". In diesem Werk beschreibt Brunschwig Pflanzen, die in bis dahin erschienenen Kräuterbüchern noch nicht berücksichtigt worden waren, und leistet botanische Pionierarbeit. Arzneimittel pflanzlicher sowie tierischer Herkunft werden darin beschrieben, darunter auch gänzlich ungewöhnliche.

Der Schweizer Arzt Paracelsus (Theophrastus Bombast von Hohenheim, 1493–1541) gab dem brennenden Wasser den Namen „Alkohol". Dieses Wort leitet sich vom arabischen Wort „al-

Titelseite des „Liber de arte Distillandi de Compositis"

Titelseite „Büchlein von den ausgebrannten Wässern" 1502

kuhūl" ab. Paracelus stellte mit Hilfe von Destillation spagyrische Essenzen als Medizin her.

Der italienische Arzt und Botaniker Andrea Mattioli beschrieb in seinem Kräuterbuch von 1590 das Destillierverfahren und verglich einen solchen Destillierapparat mit dem menschlichen Körper.

Schnaps war früher sogar teilweise als Zahlungsmittel gebräuchlich. Holzfäller hatten einen Anspruch auf eine bestimmte Schnapsmenge pro Woche. Allerdings wurde der hohe Schnapskonsum der Bevölkerung zusehends zum Problem. Der Haller Stiftsarzt Hippolyt Guarinoni (1571–1654) warnte bereits vor dem übermäßigem Gebrauch von Alkohol. Kaiserin Maria Theresia reglementierte die Alkoholherstellung mit der Vergabe von Brennrechten, weil sie überhandnahm.

Der Spruch der „Frommen Helene" von Wilhelm Busch (1832–1908, deutscher Zeichner, Maler und Schriftsteller) auf dem Notschein von 1921, zur Zeit des Ersten Weltkrieges, weist auf die Problematik des Alkoholmissbrauches hin.

„DAS IST EIN SPRUCH VON ALTERS HER,
WER SORGEN HAT, HAT AUCH LIKÖR.
DRUM HATTE MUTTER ANNA WELCHE,
SO GRIFF SIE NACH DEM SORGENKELCHE."

Gemeint ist hier Kurfürstin Anna von Sachsen (1532–1585), auch Mutter Anna genannt. Sie hatte sich der Heilkunst und der Herstellung von Kräuterschnapserln und „Aquavit" verschrieben und hinterließ eine Sammlung von 181 Rezepten für Kräuterschnäpse. Auf dem Schein ist ein Scherenschnitt einer Frau mit Utensilien zur Likörherstellung zu sehen. Seine Sorgen in Alkohol zu ertränken, war also durchaus üblich.

Notschein von 1921

Kurfürstin Anna von Sachsen

In den 1970er- und 1980er-Jahren schließlich hatte Schnaps einen schlechten Ruf. In den bäuerlichen Brennereien wurde nicht selten auch schlechtes und vergammeltes Obst zu Schnaps gebrannt, mit sehr zweifelhaften Ergebnissen. Schnaps wurde hochprozentig, oft um die 50 Volumenprozent, getrunken. Wenn er in der Kehle brannte, befand man ihn für gut.

In den letzten Jahrzehnten jedoch erfolgte eine Wende hin zu hochwertigen Edelbränden, welche zum Genussprodukt geworden sind. Nur die besten Zutaten im optimalen Reifezustand werden verarbeitet, um feinsten Schnaps zu erzeugen.

Prämierungen bester Spirituosen im Rahmen von Veranstaltungen wie der „Destillata" oder der „Tiroler Schnapsprämierung" helfen dabei, das Bewusstsein für qualitätvollen Schnaps zu fördern. Edelbrände und Liköre werden dort von Experten bewertet. Und wer selbst weiter in die Welt hochwertiger Spirituosen eintauchen möchte, für den bietet sich die Ausbildung zum „Edelbrand-Sommelier" an. Vom ehemaligen Rauschmittel des Volkes wurde Schnaps nun zum Genussmittel.

„DIE SEELE LIEBT IN ALLEN DINGEN DAS RECHTE MAß!"
Hildegard von Bingen

BRENNRECHT

Das österreichische Brennrecht geht auf die Zeit Kaiserin Maria Theresias (18. Jh.) zurück. Das Maria-Theresien-Brennrecht verleiht einem Brenner dieselben Rechte und Pflichten wie einem Abfindungsbrenner, allerdings darf er nur 300 Liter reinen Alkohol im Jahr herstellen. Dieses Recht wird auch 3-Hektoliter-Brennrecht genannt. Das Maria-Theresien-Brennrecht ist immer an den Bauernhof gebunden und kann auch nur mit diesem weitergegeben werden. Zudem erlaubt das Maria-Theresien-Brennrecht den Zukauf von Obst aus Österreich – im Gegensatz zu den herkömmlichen Brennrechten. Maria Theresia vergab diese Brennrechte an fleißige, rechtschaffene Bauern. Das Maria-Theresien-Brennrecht ist bis heute erhalten und ein wertvoller Besitz.

Nach dem Ersten Weltkrieg ging das Brennrecht von den Habsburgern auf die Republik Österreich über und mit dem Anschluss an das Dritte Reich 1939 wurde das Branntweinmonopol eingeführt. Darin ist die Branntweinsteuer festgehalten, welche je nach Art der Brennerei (Abfindungs- oder Verschlussbrennerei) zu entrichten ist.

„UNKRAUT NENNT MAN DIE PFLANZEN,
DEREN VORZÜGE NOCH NICHT ERKANNT WORDEN SIND."
RALPH WALDO EMERSON

SCHNAPSBRENNEN IM ALPENRAUM

Bedingt durch das raue Klima der Alpen war es notwendig, Lebensmittel zu konservieren, um Vorräte für den harten Winter anlegen zu können. So war es eine logische Entwicklung, dass man aus dem vorhandenen Obst, den Beeren, Kräutern und Wurzeln, Alkohol zu erzeugen begann. Dafür wurde von den Bauern meist das Obst verwendet, welches von minderwertiger Qualität und für nichts anderes zu gebrauchen war. Die hergestellten Schnäpse waren deshalb auch meist von schlechter Qualität. Ein Schnaps galt als gut, wenn er stark war und möglichst lange in der Kehle brannte. Das Aroma war damals noch nicht wichtig. Heute ist es üblich, in bäuerlichen Brennereien einen Doppelbrand herzustellen.

Häufig wurden auch angesetzte Schnäpse mit den Kräutern, Wurzeln, Beeren oder Früchten hergestellt, denen man eine bestimmte Heilwirkung nachsagte. Diese wurden innerlich oder äußerlich angewandt. Ein angesetztes Schnapserl mit Bitterkräutern für die Verdauung oder Arnikaschnaps als Einreibung bei stumpfen Verletzungen sind nur zwei Beispiele.

Daneben ist der Schnaps auch schon seit langer Zeit Teil des Alltags bzw. der Kultur. Ein Stamperl Schnaps wurde und wird getrunken, wenn es etwas zu Feiern gibt, Gäste zu Besuch kommen oder man sich kränklich oder unwohl fühlt. Auch ein Neujahrsschnapserl gehört in den Alpen einfach dazu. Auch ein Edelbrand nach einem guten Essen, bei dem man über die Stränge geschlagen hat, ist vielerorts üblich, um die Verdauung anzuregen.

Schließlich kommt einem noch das traditionelle Schnapspanzele (kleines Holzfass) der Marketenderinnen in den Musikkapellen und Schützenkompanien in den Sinn, das diese bei sich führen, um bei Bedarf Schnaps zur Stärkung an die Zuseher zu verteilen.

BESONDERE BEGRIFFE RUND UMS SCHNAPSBRENNEN

Der Begriff Schnaps wird im alltäglichen Sprachgebrauch für aus vergorener Maische hergestellten Alkohol verwendet. Schnaps ist in den unterschiedlichsten Qualitätsstufen erhältlich. Vom feinen, hochwertigen Destillat oder Edelbrand bis zum bäuerlichen „Saltbrennten". Wobei allein die Tatsache, dass der Schnaps „saltbrennt" ist, keinen Aufschluss über die Qualität gibt.

A BUDEI (UND A BIER ...)

A Budei und a Bier, des isch a Ladi!

Ein Budei ist ein kleines Schnapsflascherl, in welchem 1/16 l Platz hat. Oft sind diese kleinen Budei auch bemalt. Ein Budei und ein Bier ergeben eine ganze „Ladung". In manchen Regionen heißt das Budei auch Buderl.

BRENNHÜTTE

Die Brennhütte befindet sich meist in der Nähe des Hauptgebäudes im Obstgarten. Im Winter wird dort der „Saltbrennte" hergestellt und die Brenner verbringen viel Zeit dort.

KASTELER

Ein Kasteler ist ein Schnaps, der in einem Schnapskasterl, welches in der Stube eingelassen ist, aufbewahrt wird. Meist sind das Saltbrennte, angesetzte Schnäpse aus Kräutern oder Kräuter- bzw. Fruchtliköre. Die Frau des Hauses war meist verantwortlich für das Schnapskasterl und verwahrte auch den Schlüssel.

SALTBRENNTER

Als Saltbrennter wird in Tirol ein Schnaps bezeichnet, der aus dem eigenen Obst mit der hauseigenen Destille gebrannt wird.

„DAS GRUNDLEGENDE PRINZIP DER MEDIZIN IST DIE LIEBE."
PARACELSUS

GENUSS VON SCHNAPS UND EDELBRAND

Um Schnaps in seiner besten Form erleben zu können, ist es wichtig, dass dieser bei ca. 16 bis 18 Grad Celsius getrunken wird. Wird Schnaps zu kalt genossen, können sich die feinen Aromen nicht entfalten. Das richtige Glas ist hier genauso wichtig wie beim Wein das richtige Weinglas. Ein gutes Schnapsglas sollte einen Stiel, Bau, Kelch und einen Kamin bzw. die Form einer Tulpe haben. Man nennt das auch Tulpenglas.

Die meisten Schnäpse sind sehr lange haltbar, allerdings verlieren Beerenbrände und Williamsbirne bei Luftkontakt rasch ihr feines Aroma.

DESTILLATE, ANSATZSCHNÄPSE, SPIRITUOSEN & LIKÖRE

ABSINTH – DIE „GRÜNE FEE“

WERMUT IST FÜR ALLES GUT!

Produktbezeichnung / Produktklasse

- Kräutergeist

Alkoholgehalt

zwischen 45 und 89 Volumenprozent

Herkunft

Val-de-Travers, Schweiz

ACHTUNG! Aufgrund des enthaltenen Thujons sollte man den Wermut nicht zu lange einnehmen. Kinder und Schwangere sollten ganz davon absehen.

ZUTATEN

traditionell Wermutkraut (Artemisia absinthium), Anis, Fenchel, Melisse und Ysop – frisch oder getrocknet; außerdem werden je nach Rezept unterschiedliche weitere Kräuter verwendet: Angelika, Beifuß, Ehrenpreis, Kalmus, Pfefferminze, Koriander, Salbei, Süßholz, Sternanis, Wacholder, Muskat und mehr. Wenn der Absinth grün gefärbt ist, sind Pflanzen wie Brennnessel, Pontischer Beifuß oder Spinat hinzugefügt worden. Das Rezept variiert je nach Hersteller.

VERWENDUNG

als Aperitif und in Cocktails; bei Erschöpfung, zur Reinigung, Anregung des Stoffwechsels oder der Verdauung, als Frühjahrskur, zur Stärkung, bei Verdauungsbeschwerden, Menstruationsschmerzen, Blutarmut, Wunden, Entzündungen, rheumatischen Schmerzen oder unreiner Haut

GESCHICHTE

Es begann im Val-de-Travers an der französisch-schweizerischen Grenze Ende des 18. Jahrhunderts. Viele Mythen ranken sich um den Absinth und eine geheimnisvolle Aura umgibt ihn. Das mag wohl daran liegen, dass es eine Zeit lang sogar verboten war, ihn herzustellen.

Vom 18. bis zu Beginn des 20. Jahrhunderts war der Absinth besonders in Künstlerkreisen sehr beliebt. „Die grüne Fee" (französisch „La fée verte") wurde gerne zur „Grünen Stunde" (ab 17 Uhr) konsumiert. Viele Intellektuelle und Künstler wurden vom Absinth abhängig. Man erzählt sich, dass Vincent van Gogh sich im Absinthrausch das Ohr abgeschnitten haben soll.

Das im Wermut in hoher Konzentration enthaltene ätherische Öl enthält einen giftigen Stoff, das Thujon, welches bei langfristigem Konsum langsam, aber sicher das Nervensystem zerstört. Es kann zu Lähmungen, Krämpfen, Bewusstseinsstörungen und schließlich zu Gehirnschäden (Absinthismus) kommen.

Anfang des 20. Jahrhunderts wurde Absinth deshalb in Europa verboten (1910 in der Schweiz). Trotzdem gab es noch einige Brenner „Résistants" (frz. für Widerstandskämpfer), die weiterhin heimlich Absinth herstellten. Seit 1998 ist es in der Europäischen Union (seit 2005 in der Schweiz) wieder erlaubt, Absinth mit einem Thujon-Gehalt von maximal 10 mg pro Liter herzustellen.

HERSTELLUNG

Der Absinth kann auf drei Arten hergestellt werden:

- **Mazeration der Kräuter in Alkohol:** Die Pflanzen werden über eine unterschiedlich lange Zeit in Alkohol ausgezogen und dann abgefiltert.
- **Absinthessenzen werden in Alkohol aufgelöst**
- **Durch Destillation:** Die Pflanzen werden in einer Mischung aus Alkohol und Wasser (ca. 55 Volumenprozent) mazeriert und dann destilliert.

BESONDERE ZUBEREITUNG – DAS ABSINTHRITUAL

Das typische Absinthglas hat ein kugelförmiges Reservoir im Stiel, welches die Menge des zu verwendenden Absinths definiert. Dann wird eiskaltes Wasser hinzugefügt (1:1 bis 1:5). Das geschieht oft mit einer Absinth-Fontäne oder einer Brouille (einem speziellen Glasaufsatz). Mit dieser beträufelt man nun ein auf einem Absinthlöffel liegendes Stück Würfelzucker mit einem steten Tropfen, der den Zucker schließlich auflöst. Zusammen mit dem Zucker gelangt das Wasser dann in das Absinthglas. Der Absinth beginnt sich mit dem Wasser zu vermischen und steigt in der Kugel in Wirbeln auf, so entsteht die typisch milchige Färbung. Je nachdem, welcher Absinth verwendet wird, färbt sich dieser grünlich. In der Schweiz ist es eher unüblich, Zucker hinzuzufügen.

HAUPTBESTANDTEIL

Das Wermutkraut (Artemisia absinthium) ist eine ausdauernde, krautige Pflanze, welche bis zu 60 Zentimeter, manchmal über einen Meter hoch werden kann. Das Kraut ist gräulich-grün und duftet durch das enthaltene ätherische Öl stark aromatisch. Man findet es an Wegrändern oder schottrigen Aufschüttungen. Der Wermut liebt sonnige, trockene Standorte.

Seine Blätter sind zwei- bis dreifach gelappt und die Oberseite ist behaart. Die kleinen, runden gelben Blüten sind unscheinbar und in Rispen angeordnet. Blütezeit ist je nach Standort von Juli bis September.

Es wird das ganze Kraut verwendet, die Ernte erfolgt kurz vor der Blüte. Der Wermut enthält unter anderem Bitterstoffe (Absinthin), Artemisin, Harz, Gerbsäure, ätherisches Öl und Thujon. Er ist neben dem Enzian und der Meisterwurz die bitterste Pflanze, die bei uns wächst. Der Wermut gehört zu den Amara aromatica, das bedeutet, dass in ihm Bitterstoffe und ätherische Öle enthalten sind, welche den Stoffwechsel in Schwung bringen. Der Wermut ist hier besonders wohltuend für die Nieren. Seine Bitterstoffe fördern die Verdauung, verbessern die Eisenaufnahme, begünstigen die Fettverbrennung, regulieren die Hormonproduktion, stärken das Immunsystem und unterstützen den Darm.

LA FIN DE LA «FÉE VERTE»
(Suppression de l'Absinthe en Suisse)

VERWENDUNG IN DER VOLKSHEILKUNDE

In der Antike wurde der Wermut als Heilpflanze von den Ärzten hoch geschätzt. Hippokrates empfahl Wermut bei nachlassendem Gedächtnis. Er wurde gern in Alkohol angesetzt und bei Verdauungsschwäche verabreicht.

Auch Hildegard von Bingen verwendete den Wermut. Sie schrieb über ihn: „Der Wermut ist sehr warm und sehr kräftig und ist der wichtigste Meister gegen alle Erschöpfungen." Nach Hildegard ist der Wermut ein wahrer Jungbrunnen, der sich auch im Frühling dazu eignet, den Körper zu reinigen und zu entschlacken. Dadurch wird der gesamte Organismus entlastet und man hat neue Energie. Sie empfiehlt die Mai-Kur, für die sie uns genaue Anweisungen gibt: „... davon trinke von Mai bis Oktober nüchtern an jedem dritten Tag. Es beseitigt die Lanksucht (Nierenschwäche) und Melanche (Schwarzgalle) in dir und macht deine Augen klar. Es stärkt dein Herz und verhindert, dass deine Lunge schwach wird. Es wärmt den Magen und reinigt die Eingeweide und gibt eine gute Verdauung."

Der bekannte Schweizer Priester und Naturarzt Künzle, genannt „Kräuterpfarrer" empfiehlt den Wermut bei Verdauungsbeschwerden, Völlegefühl und zur Steigerung des Gallenflusses. Er schrieb: „Ist einer grün wie ein Laubfrosch, mager wie eine Pappel, nimmt täglich ab an Gewicht und Humor und wirft keinen Schatten mehr, der probiere es mit einem Teelöffel voll Wermuttee alle zwei Stunden."

In der Volksheilkunde wird der Wermut auch bei Menstruationsschmerzen, bei Blutarmut oder schlecht heilenden Wunden verwendet. Er ist oft Bestandteil von Magenbittern und eignet sich gut als Beigabe in Aperitifs, da er den Appetit anregt. Ein paar Tropfen von einer Wermuttinktur eingenommen, helfen angeblich bei Magenkrämpfen, Mundgeruch, Sodbrennen oder Völlegefühl. Tee und Tinktur können auch bei Entzündungen, rheumatischen Schmerzen und unreiner Haut als Kompresse äußerlich angewandt werden. Der Wermut tut auch im Grippetee seine Wirkung und hilft, dass man schneller wieder gesund wird. Allerdings sollte man ihn auf Grund seiner Bitterkeit sehr niedrig dosieren. Getrockneten Wermut kann man auch in ein kleines Kissen geben und ins Bett legen, er soll einen besser schlafen lassen.

REZEPT FÜR ANGESETZTEN ABSINTH

- 1 EL frischer Wermut, klein geschnitten
- je 1 TL Anis, Angelika, Beifuß, Ehrenpreis, Pfefferminze, Salbei, klein geschnitten
- 1 TL Wacholderbeeren
- etwas Muskat, Sternanis, Koriander, Kalmus und Süßholz
- 1 l Alkohol (38 Volumenprozent)

Gewürze leicht mörsern. Alles mit dem Alkohol in ein Glas geben und gut verschließen, mindestens eine Woche stehen lassen. Besser länger. Es sollte alles gut mit Alkohol bedeckt sein. Ab und zu schütteln. Abfiltern. In dunkle Flaschen füllen, etikettieren, einige Wochen reifen lassen und genießen.

ALPENBITTER

WAS BITTER DEM MUND,
IST DEM MAGEN GESUND

Produktbezeichnung / Produktklasse

- Likör ▪ Kräuterdestillat
- Ansatzschnaps ▪ Geist

Alkoholgehalt

zwischen 29 und 89 Volumenprozent

Herkunft

im ganzen Alpenraum gebräuchlich

ZUTATEN

Alpenbitter enthält Kräuter, Blüten, Wurzeln und Gewürze, manchmal auch Schalen von Zitrusfrüchten (z. B. Grapefruit oder Orange). Beliebte Zutaten sind Alant, Anis, Bergbohnenkraut, Bergpfefferkraut, Bitterorange, Duftveilchen, Gelber Enzian, Engelwurz, Fenchel, Kalmus, Kamille, Koriander, Kümmel, Lavendel, Majoran, Nelkenwurz, Pfefferminze, Rhabarber, Rosmarin, Wacholder, Waldmeister, Wermut, Zitronenmelisse und andere. Die Rezepte variieren von Hersteller zu Hersteller sehr und werden of wie Schätze gehütet.

VERWENDUNG

als Aperitif oder in Cocktails; hilft bei Sodbrennen, Völlegefühl, Gicht, Rheuma, Immunschwäche und Verdauungsproblemen, hemmt außerdem den Appetit

GESCHICHTE

„Bitter" ist ein Sammelbegriff für Liköre oder Schnäpse, welche viele Bitterstoffe enthalten und denen deshalb eine positive Wirkung auf den Verdauungstrakt nachgesagt wird. Viele der alten Rezepte für Bitter stammen aus Klöstern oder Apotheken und werden heute noch unter verschiedenen Namen hergestellt. In Italien nennt man einen Bitterlikör „Amaro".

HERSTELLUNG

Die Herstellung von Bittern erfolgt auf unterschiedlichste Weise.

- **Mazeration der Kräuter in Alkohol:** Die Pflanzen werden über eine unterschiedlich lange Zeit in Alkohol ausgezogen und dann abgefiltert. In der Herstellung für den Hausgebrauch wird meistens diese Herstellungsmethode angewandt.
- **Durch Destillation:** Die Pflanzen werden in einer Mischung aus Alkohol und Wasser (ca. 55 Volumenprozent) mazeriert und dann destilliert.
- **Durch Destillation mit Aromakorb:** Das Destilliergut wird im Aromakorb verteilt. Beim Destillieren von Neutralalkohol nimmt der Alkohol-

dampf die Aromastoffe aus dem Korb auf und es entsteht ein Geist. Danach wird das Destillat auf Trinkstärke eingestellt.

Um den bitteren Schnaps wohlschmeckender zu machen, wird dieser oft verdünnt. Häufig fügt man auch Zucker oder Honig hinzu und stellt so einen Likör her.

VERWENDUNG IN DER VOLKSHEILKUNDE

Schon der griechische Arzt und Lehrer Hippokrates (460–370 v. Chr.) empfahl bittere Kräuter bei vielen Beschwerden. Nach der natur- und heilkundigen Universalgelehrten Hildegard von Bingen helfen Bitterstoffe bei Sodbrennen, Völlegefühl, Gicht, Rheuma, Immunschwäche, Übersäuerung und haben eine wohltuende Wirkung auf Verdauung und den Magen-Darm-Trakt. Zudem sind sie ein Appetithemmer.

Bitterstoffdrogen (Amara) sind Heilpflanzen, wie zum Beispiel Enzian, Artischocke, Tausendgüldenkraut und Löwenzahn, die vorwiegend bitter sind und bei denen die Wirkung der Bitterstoffe vordergründig ist; sie werden auch Amara tonica genannt. Amara aromatica hingegen enthalten neben den Bitterstoffen auch ätherische Öle (z. B. Beifuß, Engelwurz, Wermut ...). Die Intensität der Bitterstoffe wird im Bitterwert angegeben. 10.000 bedeutet, dass 1 Gramm Kraut in 10.000 Millilitern Wasser gerade noch bitter schmeckt. Etwa eine halbe Stunde vor dem Essen sollte man einen Bitter trinken, damit dieser seine stärkste Wirkung entfaltet, bei Verdauungsproblemen jedoch eher nach dem Essen. Bei Übersäuerung des Magens sollte man gar keine Bitterstoffe zu sich nehmen.

Die Herstellung von Bittern hat eine lange Tradition und wird auch heute noch vielerorts praktiziert.

REZEPT FÜR ALPENBITTER

- je 1 EL Meisterwurzwurzel, Wermutkraut, Zitronenmelisse, Kalmuswurzel, Engelwurzwurzel, Pfefferminze, Kamille, alles klein geschnitten
- je 1 TL Enzianwurzeln, Lavendelblüten, alles klein geschnitten
- 1 TL Wacholderbeeren
- 1 l Alkohol (38 Volumenprozent)
- evtl. ca. 1 l Zuckersirup (1:1 Wasser und Zucker)

Wacholderbeeren anquetschen. Alles mit dem Alkohol in ein Glas geben und gut verschließen, mindestens eine Woche stehen lassen. Besser länger. Es sollte alles gut mit Alkohol bedeckt sein. Ab und zu schütteln. Abfiltern. Das Mazerat kann nach Belieben verdünnt und gezuckert werden, um es milder zu machen. In dunkle Flaschen füllen, etikettieren, einige Wochen reifen lassen und genießen.

BÄRWURZSCHNAPS

Produktbezeichnung / Produktklasse

- Destillat
- Ansatzschnaps

Alkoholgehalt

zwischen 38 und 50 Volumenprozent

Herkunft

Bayern

ZUTATEN

Bärwurz (Meum athamanticum) und selten auch die Alpen-Mutterwurz (Ligusticum mutellina); von beiden jeweils die Wurzeln, frisch oder getrocknet

VERWENDUNG

als Digestif; beruhigend für Magen und Darm, hilfreich bei Verstopfung, Nierenleiden, Blasenschwäche, Herzschwäche oder Herzleiden, gegen Frauenkrankheiten, wirkt appetitanregend

GESCHICHTE

Vor allem im Bayerischen Wald hat die Herstellung von Bärwurzschnaps Tradition. Seit wann er hergestellt wird, ist nicht bekannt. Karl Eckert, Mediziner und Brennereibesitzer aus Deggendorf, destillierte ab 1919 nachweislich die Bärwurz. In den 1950er-Jahren wurde es immer schwieriger, wilde Bärwurzwurzeln zu bekommen, da sie fast ausgerottet waren. Die Ernteflächen wurden vom bayerischen Forstamt vergrößert und die Pflanzen konnten sich erholen.

HERSTELLUNG

Die Herstellung von Bärwurzschnaps erfolgt auf unterschiedlichste Weise.

- **Mazeration der Wurzeln in Alkohol:** Die Pflanzen werden über eine unterschiedlich lange Zeit in Alkohol ausgezogen und dann abgefiltert.
- **Durch Destillation:** Die zerkleinerten Wurzeln werden in einer Mischung aus Alkohol und Wasser (ca. 55 Volumenprozent) mazeriert und dann destilliert. In der Herstellung für den Hausgebrauch werden die Wurzeln meist nur in Alkohol mazeriert. Typischerweise wird der Schnaps in braune Tonflaschen abgefüllt.

HAUPTBESTANDTEIL

Die Bärwurz-Pflanze (Meum athamanticum) steht im Bayerischen Wald unter Naturschutz, deshalb werden zur Herstellung des Schnapses angebaute Pflanzen verwendet. Die ganze Pflanze duftet stark würzig nach den Küchenkräutern Petersilie und Liebstöckl (Maggikraut). Der Geschmack ist scharf und süßlich zugleich. Die Bärwurz gehört zur Familie der Doldenblütler und blüht weiß. Ihre Blätter sind denen des Fenchels ähnlich. Die Wurzel ist sehr stark, kann bis zu einem Meter lang sein und hat einen Faserschopf.

Manchmal wird auch die Alpen-Mutterwurz (Ligusticum mutellina) für die Schnapsherstellung verwendet. Die Mutterwurz ist mit dem Liebstöckl verwandt. Auch sie hat eine verdauungsfördernde Wirkung. Laut Pfarrer Künzle ist sie eine wunderbare Heilpflanze gegen Nierengrieß.

VERWENDUNG IN DER VOLKSHEILKUNDE

Bereits im Mittelalter wurde die Bärwurz in Klostergärten angepflanzt. Die Universalgelehrte und Äbtissin Hildegard von Bingen verwendete die Bärwurz als Entgiftungs- und Entschlackungsmittel. Sie schrieb auch: „Wer Gicht hat, der esse das Pulver ..." Ihre Bärwurz-Birnhonig-Kur wird auch als „Hildegard-Gold" bezeichnet. Die Gewürzmischung, welche dann mit Honig und Birnen vermengt wird, besteht aus Bärwurz, Galgant, Süßholz und Pfefferkraut.

„Das ist das köstlichste Latwerge und wertvoller als Gold und nützlicher als das reinste Gold, weil es die Dämpfigkeit mindert und alle Fehlsäfte im Menschen vertilgt und den Menschen so reinigt, wie man einen Topf vom Schimmel reinigt."

Latwerge (oder Elektuarium) ist eine breiförmige Zubereitung aus Gewürzen, Obst und/oder Früchten mit Honig. Es wurde im Mittelalter als Medizin Kranken verabreicht.

Die Bärwurz ist vor allem ein Mittel bei Verdauungsstörungen und bei nervösen Herzbeschwerden. Auch bei Frauenleiden kann eine Abkochung der Wurzel Gutes tun. Bei Hautausschlägen kann sie aufgelegt werden und Linderung bringen.

REZEPT FÜR BÄRWURZSCHNAPS

- 60 g frische Bärwurzwurzel, klein geschnitten
- 700 ml Alkohol (50 Volumenprozent)

Alles mit dem Alkohol in ein Glas geben und gut verschließen, mindestens eine Woche stehen lassen. Besser länger. Es sollte alles gut mit Alkohol bedeckt sein. Ab und zu schütteln. Abfiltern. In dunkle Flaschen füllen, etikettieren, einige Wochen reifen lassen und genießen.

BIBERNELLENLIKÖR & -SCHNAPS

ISS KRANAWITT UND BIBERNELL,
DANN STIRBST DU NICHT SO SCHNELL!

Produktbezeichnung / Produktklasse

- Likör
- Kräuterdestillat
- Ansatzschnaps
- Geist

Alkoholgehalt

unterschiedlich

Herkunft

im ganzen Alpenraum gebräuchlich

ZUTATEN

Kleine Bibernelle (Pimpinella saxifraga) und Große Bibernelle (Pimpinella major), von beiden die Wurzel und selten auch die Samen; die Bibernelle ist oft Bestandteil von Bitterschnäpsen & -likören.

VERWENDUNG

zur Abwehrstärkung, hilft bei Atemwegsentzündungen, Husten, Asthma, Rheuma, Gicht, Nierensteinen, verbessert die Verdauung, beruhigt ein nervöses Herz, wirkt harntreibend

GESCHICHTE

Die Bibernelle wurde zum ersten Mal im 16. Jh. in Kräuterbüchern erwähnt.

HERSTELLUNG

- **Mazeration der Wurzeln in Alkohol:** Die Pflanzen werden über eine unterschiedlich lange Zeit in Alkohol ausgezogen und dann abgefiltert
- **Durch Destillation:** Die Pflanzen werden in einer Mischung aus Alkohol und Wasser (ca. 55 Volumenprozent) mazeriert und dann destilliert.

In der Herstellung für den Hausgebrauch werden die Wurzeln meist nur in Alkohol mazeriert.

HAUPTBESTANDTEIL

Die Bibernellen sind ausdauernde krautige Pflanzen und gehören zur Familie der Doldenblütler. Typisch sind die wechselständig am Stängel angeordneten Blätter. Diese sind eiförmig oder länglich, kurz gestielt und mehr oder weniger tief gesägt. Sie blühen den ganzen Sommer über weiß, die Kleine Bibernelle manchmal auch rosa. Sie sind in ganz Europa auf mageren Wiesen bis in eine Höhenlage von 2200 Metern stark verbreitet.

VERWENDUNG IN DER VOLKSHEILKUNDE

Der Doldenblütler wurde im Mittelalter gegen die Pest eingesetzt. Man trug die Wurzel als Schutz davor um dem Hals. Der Kräuterpfarrer Johann Künzle (1857–1945) meinte zur Bibernelle: „... gegen Magenbeschwerden eine Messerspitze Wurzelpulver dreimal täglich ...". Der Pfarrer Sebastian Kneipp empfahl sie gegen Gicht und Nieren- oder Blasensteine. Die Bibernelle ist ein traditionelles volksheilkundliches Mittel bei Verdauungsstörungen. Außerdem stärkt sie unsere Abwehrkräfte und hilft bei Atemwegserkrankungen, indem sie Husten und Entzündungen im Bereich der oberen Atemwege lindert. Dazu am besten mit Bibernellentinktur gurgeln. Bibernellentinktur soll auch bei nervösem Herzen, Asthma, Gicht und Rheuma helfen.

REZEPT FÜR BIBERNELLENSCHNAPS

- 60 g frische Bibernellenwurzeln, klein geschnitten
- 700 ml Alkohol (50 Volumenprozent)

Die Wurzeln mit dem Alkohol in ein Glas geben und gut verschließen, mindestens eine Woche stehen lassen. Besser länger. Es sollte alles gut mit dem Alkohol bedeckt sein. Ab und zu schütteln. Abfiltern.

BLUTWURZLIKÖR & -SCHNAPS

Produktbezeichnung / Produktklasse

- Likör ▪ Ansatzschnaps

Alkoholgehalt

unterschiedlich

Herkunft

Bayern, im ganzen Alpenraum gebräuchlich

ZUTATEN

Blutwurzwurzel (Potentilla erecta), frisch oder getrocknet; je nach Rezept kommen verschiedene Gewürze, Kräuter und Wurzeln dazu, z. B. Benediktenkraut, Curaçaoschalen, Enzianwurzel, Fenchelsamen, Kalmuswurzel, Melissenkraut, Süßholz, Zimtrinde oder Nelke.

VERWENDUNG

Die Blutwurz wird verwendet zur Förderung der Verdauung bei Durchfall, Magenbeschwerden, Blähungen, bei inneren Blutungen, Hauterkrankungen, Zahnfleischentzündungen oder allgemeinen Entzündungen.

GESCHICHTE

Der Blutwurzlikör ist vor allem im Bayerischen Wald bekannt. Dort wird er meist in die typischen Tonflaschen abgefüllt. Auch in anderen Regionen der Alpen, wie in Tirol, stellt man Auszüge aus Blutwurzwurzel her.

HERSTELLUNG

Mazeration in Alkohol: Die Pflanzen werden über eine unterschiedlich lange Zeit in Alkohol ausgezogen. Dieser Ansatz wird abgefiltert, evtl. mit Wasser verdünnt und nach Geschmack gesüßt. Die Wurzel färbt den Ansatz rot. Die Rezepte variieren je nach Hersteller und können sehr unterschiedlich sein. Häufig werden verschiedene andere Kräuter und Gewürze zugesetzt.

HAUPTBESTANDTEIL

Die Blutwurz (Potentilla erecta) gehört zu den Rosengewächsen und wächst gerne an sonnigen Standorten mit durchlässigem Boden. Ihr besonderes Kennzeichen ist, dass sie vier gelbe Blütenblätter hat und die Wurzel sich bei Kontakt mit der Luft rot färbt. In ihrem lateinischen Namen „Potentilla" steckt der Begriff Potenz, was so viel wie Kraft bedeutet und ihre Bedeutsamkeit in der Heilkunde betont.

VERWENDUNG IN DER VOLKSHEILKUNDE

Bereits Paracelsus sah die hauptsächliche Verwendung im Stillen von Blutungen. Hildegard von Bingen nannte die Blutwurz „Birkwurz" und empfahl sie bei Fieber, wobei Fieber hier mit Unwohlsein gleichgesetzt werden kann.

In der Volksheilkunde wird Blutwurzlikör oder -schnaps vor allem bei Verdauungsproblemen eingesetzt. Dazu gehören Durchfall, innere Blutungen, Magenschmerzen und Blähungen. Auch zum Stillen von Blutungen (äußeren wie inneren) kommt die Blutwurz in der Volksheilkunde zum Einsatz.

Bei Hauterkrankungen und Zahnfleischentzündungen kommt sie als Blutwurzschnaps zur An-

wendung. Hier kann die Wirksamkeit auf die enthaltenen Gerbstoffe (bis zu 20 %) und Triterpene zurückgeführt werden. Gerbstoffe wirken zusammenziehend und desinfizierend, Triterpene entzündungshemmend.

Auch das oberirdische Kraut kann man trocknen und zu einer Magenteemischung geben. Es wirkt allerdings weniger stark als die Wurzel. Die Wurzel wurde zum Schutz als Amulett getragen, um schlechte Dinge fernzuhalten. Männern soll die Blutwurz, als Blutwurzwein eingenommen, gegen vorzeitigen Samenerguss helfen.

„Esst Kranewitt und Tormentill, dann sterbt ihr nit so viel!", ist ein bekannter Spruch in Tirol. Mit Kranewitt ist der Wacholder gemeint. Die Blutwurz wird auch Tormentill genannt.

„WENN DIE MENSCHEN DAS UNKRAUT NICHT NUR AUSREIßEN,
SONDERN EINFACH AUFESSEN WÜRDEN,
WÄREN SIE ES NICHT NUR LOS,
SONDERN WÜRDEN AUCH NOCH GESUND."
JOHANN KÜNZLE

REZEPT FÜR BÄRWURZSCHNAPS

- 60 g frische Blutwurzwurzel, klein geschnitten
- 1 TL Süßholzwurzel, klein geschnitten
- 10 g Fenchelsamen
- 1 Zimtstange
- 1 Sternanis
- 2 Gewürznelken
- 700 ml Alkohol (38 Volumenprozent)
- ca. 1 l Zuckersirup (1:1 Wasser und Zucker)

Die Gewürze etwas mörsern. Alles mit dem Alkohol in ein Glas geben und gut verschließen, mindestens eine Woche stehen lassen. Besser länger. Es sollte alles gut mit Alkohol bedeckt sein. Ab und zu schütteln. Abfiltern und dann Zuckersirup nach Geschmack dazugeben. In dunkle Flaschen füllen, etikettieren, einige Wochen reifen lassen und genießen. Dieser Likör hilft bei Blähungen und regt die Verdauung an.

CHARTREUSE

Produktbezeichnung / Produktklasse

- Kräuterlikör

Alkoholgehalt

Élixir végétal de la
Grande Chartreuse – 69 Volumenprozent
Chartreuse verte – 55 Volumenprozent
Chartreuse jaune – 43 Volumenprozent

Herkunft

Frankreich, Chartreuse-Gebirge

ZUTATEN

Es handelt sich hier um geheime Klosterrezepte mit einer Vielzahl von Heilpflanzen. 130 Pflanzen, Kräuter, Wurzeln und Gewürze sind enthalten, darunter Ginko, Kamille, Melisse, Pfefferminze, Angelika, Fenchel, Johanniskraut, Thymian, Kalmus, Basilikum, Rosmarin, Lindenblüten, Salbei, Orangenblüten, Nelken, Süßholzwurzeln, Tonka, Thymian, Waldmeister, Zimt und viele mehr.

VERWENDUNG

für Cocktails; zur Förderung der Verdauung, belebend, bei Heiserkeit und Übelkeit

GESCHICHTE

Wie bei den meisten klösterlichen Kräuterlikören handelt es sich auch bei den Chartreuse-Likören um Spirituosen, die noch heute nach alten, wohlgehüteten Rezepten aus dem Kloster hergestellt werden.

Ursprünglich stellten die Kartäusermönche der „Großen Kartause" den Chartreuse her. Die Geschichte des Chartreuse ist ca. 400 Jahre alt. 1605 übergab Marschall François Hannibal d'Estrées die Aufzeichnungen für das „Elixier des langen Lebens" an die Kartäusermönche, welche dann ca. 150 Jahre an dem Rezept tüftelten und das „Elixier végetal de la Grande Chartreuse" (69 % vol.) kreierten, welches 130 Heilpflanzen enthalten soll.

1764 kam eine mildere Variante dazu, der „Chartreuse verte" (55 % vol.). Während der Wirren der Französichen Revolution kam das Rezept in die Hände des Apothekers Liotard aus Grenoble. Dieser stellte den Likör nie selbst her. Seine Erben gaben das Rezept im 19. Jahrhundert wieder dem Kloster zurück. Seit 1840 werden die Produkte unter dem Markennamen „Chartreuse" vertrieben. Im selben Jahr wurde auch der „Chartreuse jaune" auf dem Markt gebracht, welcher milder und süßer ist.

Noch heute leben die Kartäusermönche sehr zurückgezogen – strenges Fasten, vegetarische Ernährung sowie intensives Beten und Schweigen gehören zu den Eckpfeilern ihres Klosterlebens. Es sollen immer nur zwei Mönche die genauen Rezepturen kennen.

HERSTELLUNG

Die Kräuter werden in einer Mischung aus Alkohol und Wasser mazeriert und dann destilliert. Der Chartreuse wird in Eichenholzfässern gelagert.

VERWENDUNG IN DER VOLKSHEILKUNDE

Das „Élixir végétal" wurde ursprünglich als Medizin entwickelt und sollte ein langes Leben garantieren, belebend wirken und die Verdauung anregen. Heute wird es oft als Cocktailbitter eingesetzt. Der „Chartreuse verte" wurde in Frankreich während der Choleraepidemie eingesetzt.

„DIEWEIL NUN DIE KRANKHEIT AUS DER NATUR,
NIT VOM ARZT UND DIE ARZNEI AUS DER NATUR,
AUCH NIT VOM ARZT KOMMT, SO MUSS DER ARZT DER SEIN,
DER AUS DENEN BEIDEN LERNEN MUSS."

PARACELSUS

REZEPT FÜR HEIẞGETRÄNK MIT ÉLIXIR VÉGÉTAL

- 1 TL Élixir végétal
- 1 EL Kräutertee
- evtl. Honig und Zitronensaft

Den Tee mit 200 ml heißem Wasser aufgießen und 7 Minuten ziehen lassen. Abseihen und das Élixir végétal dazugeben. Nach Belieben mit Honig süßen und Zitronensaft dazugeben.

ENGELWURZLIKÖR & -SCHNAPS

Produktbezeichnung / Produktklasse

▪ Likör ▪ Ansatzschnaps ▪ Geist

Alkoholgehalt

unterschiedlich

Herkunft

im ganzen Alpenraum gebräuchlich

ACHTUNG! Macht lichtempfindlich! Vorsicht mit der Sonne bei der Anwendung von Engelwurz!

ZUTATEN

Engelwurz (Angelica archangelica oder Angelica sylvestris), von ihr die Wurzeln und Samen, frisch oder getrocknet. Je nach Rezept kommen noch verschiedene andere Gewürze, Kräuter und Wurzeln dazu, z. B. Anissamen, Enzianwurzel, Fenchelsamen, Kümmelsamen, Zimtrinde, Nelke, Ingwer

VERWENDUNG

als Allheilmittel, bei Husten, Lungenleiden, Magen-Darm-Beschwerden, zur Stärkung der Abwehrkräfte, Vorbeugung von Erkältungskrankheiten, bei Rheuma, Nervenschmerzen oder Gicht; er wirkt belebend, appetitanregend, verdauungsfördernd, krampflösend, blähungstreibend und gallenflussfördernd.

GESCHICHTE

Die Kräuterbücher des 16. Jahrhunderts berichten vom Einsatz der Engelwurz gegen die Pest. Das Riechen an einer mit Essig getränkten Engelwurzwurzel sollte vor der Seuche schützen. Auch Paracelsus lobte die Engelwurz in Pestzeiten, ihren Saft verwendete er gegen Infektionen. Der Schweizer Kräuterpfarrer Künzle (19./20. Jh.) empfahl sie als kraftvolle Pflanze des Herzens und der Lebensfreude. Engelwurz war auch Bestandteil des sogenannten „Theriaks", eines mittelalterlichen Allheilmittels, und noch heute des „Klosterfrau Melissengeist". Zudem ist die Engelwurz auch Bestandteil des berühmten Schwedenbitters nach Maria Treben.

HERSTELLUNG

- **Mazeration in Alkohol:** Die Pflanzen werden über eine unterschiedlich lange Zeit in Alkohol ausgezogen und dann abgefiltert.
- **Durch Destillation mit Aromakorb:** Das Destilliergut wird im Aromakorb verteilt. Beim Destillieren von Neutralalkohol nimmt der Alkoholdampf die Aromastoffe aus dem Korb auf und es entsteht ein Geist. Danach wird das Destillat auf Trinkstärke eingestellt. Die Zutaten variieren je nach Rezept und können sehr unterschiedlich sein.

VERWENDUNG IN DER VOLKSHEILKUNDE

Die Engelwurz gilt als Allheilmittel und wurde in den Klostergärten angebaut. Ebenso stellt man aus ihr Liköre und Elixiere her. Zum Beispiel ist sie Bestandteil des bekannten „Schwedenbitters", findet sich aber auch im „Melissengeist" der Karmeliternonnen, im Vierräuberessig (einem alten Rezept aus der Zeit der Pestepidemie in Frankreich) und im geheimen Rezept des Chartreuse-Likörs der französischen Kartäusermönche.

Da sie Bitterstoffe und ätherische Öle enthält, gehört sie zu den Amara-Drogen. Alkoholische Auszüge oder Tees werden gegen Appetitlosigkeit, leichte Magen- und Darmkrämpfe, Völlegefühl und Blähungen eingesetzt. Engelwurz wirkt karminativ (gegen Blähungen), antimikrobiell bzw. antibiotisch und regt die Verdauung und die Bauchspeicheldrüse an. Die enthaltenen Bitterstoffe helfen auch bei der Verdauung von fetten Speisen.

Sich ein Amulett aus der Wurzel oder ein Sträußchen der Samen umzuhängen, soll bei Lampenfieber oder Prüfungsangst helfen. Bei Rheuma, Nervenschmerzen oder Gicht verschafft ein Bad mit Engelwurz Linderung (hierfür einen Liter starken Tee kochen und zum Bad geben). Zur Verwendung in der Volksheilkunde gräbt man die Wurzel im Herbst des ersten Jahres oder im Frühling des zweiten Jahres aus, wäscht sie gut und schneidet sie zum Trocknen klein. Die jungen Blätter werden im Frühling gesammelt und die Samen, wenn sie reif sind, im Herbst.

HAUPTBESTANDTEIL

Die Engelwurz (Angelica archangelica oder Angelica sylvestris) kann mit einer Höhe von bis zu drei Metern ein echter Riese werden. Die zwei- bis vierjährige Pflanze blüht nur einmal, danach stirbt sie ab. Die doppeldoldigen Blütenstände sind fast kugelrund angeordnet, was auch ein wichtiges Unterscheidungsmerkmal zu anderen Doldenblütlern ist. Der Stängel ist rötlich und hohl. Wild findet man in Tirol die Wald-Engelwurz, welche ebenso in der Volksheilkunde verwendet wird. Die Angelika enthält unter anderem ätherische Öle, Angelicin, Bergapten, Bitterstoffe, Gerbstoffe, Furanocumarine, Imperatorin, Pentadecanolid, Umbelliferon und Xanthotoxin. Die enthaltenen Furanocumarine können die Haut lichtempfindlicher machen und zu einer Dermatitis führen.

REZEPT FÜR ENGELWURZLIKÖR

- 60 g frische Engelwurzwurzel, klein geschnitten
- 40 g frischer Ingwer, klein geschnitten
- je 10 g Fenchelsamen und Anissamen
- 1 Zimtstange
- 2 Gewürznelken
- 700 ml Alkohol (38 Volumenprozent)
- ca. 700 ml Zuckersirup (1:1 Wasser und Zucker)

Gewürze leicht mörsern. Alles mit dem Alkohol in ein Glas geben und gut verschließen, mindestens eine Woche stehen lassen. Besser länger. Es sollte alles gut mit Alkohol bedeckt sein. Ab und zu schütteln. Abfiltern und dann Zuckersirup nach Geschmack dazugeben. In dunkle Flaschen füllen, etikettieren, einige Wochen reifen lassen und genießen. Dieser Likör hilft bei Blähungen und regt die Verdauung an.

ENZIANSCHNAPS
ENZER

Produktbezeichnung / Produktklasse

- Destillat
- Ansatzschnaps
- selten Likör

Alkoholgehalt

unterschiedlich

Herkunft

im ganzen Alpenraum gebräuchlich

ACHTUNG! Man sollte den Enzer bei Magengeschwüren oder Sodbrennen nicht trinken! Alle Enzianarten stehen in Tirol unter Naturschutz. Erkundige dich vor dem Sammeln nach den Bestimmungen in deiner Region.

ZUTATEN

Wurzeln (frisch oder getrocknet) des Gelben Enzians (Gentiana lutea), Punktierten Enzians (Gentiana punctata – selten), Roten Enzians (Gentiana purpurea – selten) oder Braunen Enzians (Gentiana pannonica – selten)

VERWENDUNG

als Digestif; bei Magen-Darm-Beschwerden, zur Förderung der Potenz und der Durchblutung, zur allgemeinen Stärkung, bei Wunden, Geschwüren, Muskelschmerzen, Rheuma, Verstauchungen, Gelenkschmerzen und zur Förderung der Verdauung

GESCHICHTE

Der Enzianschnaps wird wahrscheinlich seit dem Mittelalter hergestellt. Ab dem 17. Jahrhundert nachgewiesen in Klöstern und bei Bauern. Im 17. und 19. Jahrhundert wurde so viel Enzian gebrannt, dass der Bestand ernsthaft bedroht war. So kam es in dieser Zeit zu den ersten Verboten und Reglementierungen. In Tirol wurde das Stechen und Schnapsherstellen im Unterinntal und

Wipptal im Jahr 1694 verboten, sechs Jahre später dann im ganzen Land. Das Graben der Enzianwurzel ist heute noch durch die behördliche Vergabe von Grabkontingenten reglementiert.

HERSTELLUNG

Die Herstellung von Enzianschnaps erfolgt auf unterschiedlichste Weise.

- **Mazeration der Wurzeln in Alkohol:** Die Pflanzen werden über eine unterschiedlich lange Zeit in Alkohol ausgezogen und dann abgefiltert.
- **Durch Destillation:** Die Pflanzen werden in einer Mischung aus Alkohol und Wasser (ca. 55 Volumenprozent) mazeriert und dann destilliert. In der Herstellung für den Hausgebrauch werden die Wurzeln meist nur in Alkohol mazeriert.
- **Enzianwurzeln können auch eingemaischt werden.** Da sie Zucker (Zuckergehalt der Frischware beträgt etwa 7 bis 16 % der Trockenware bis zu 30 %) enthalten, geht das auch ohne Obst. So entsteht das sehr kostbare pure Enziandestillat. 60 bis 70 Wurzelstöcke sind notwendig, um einen Liter reinen Enzer herzustellen. Enzian wird pur oder auch mit Obst vermischt eingemaischt (da ist die Ausbeute größer). Der Schnaps wird Enzianbrand, Enzianschnaps, Hochwurzner, Enzeler, Enzer oder einfach Enzian genannt. Die im Herbst gegrabenen Wurzeln werden gewaschen, klein geschnitten, eingemaischt, meist mit Obst (Apfel) oder aber pur, und zu Enzianschnaps destilliert.

GESCHMACKSVARIANTEN

- Gentiana lutea radix – erdig, herb
- Gentiana pannonica radix – mild, blumiger
- Gentiana punctata radix – nach Tonerde, erdig

In Tirol kann eine Grabgenehmigung von der zuständigen Behörde ausgestellt werden. In Galtür werden jedes Jahr 13 Grabrechte verlost. Dort gibt es auch bereits ein erfolgreich kultiviertes Enzianfeld.

HAUPTBESTANDTEIL

Wurzel des Enzians (Gentiana). Die mehrjährige, ausdauernde, gelb blühende, bis zu 1,5 Meter hohe Pflanze ist streng geschützt. Der Enzian bildet eine starke, sehr dicke Wurzel, welche bis zu einem Meter lang werden kann. Er blüht erst nach fünf bis zehn Jahren von Juli bis August. Der Enzian wächst auf kalkreichen, humusreichen und tiefgründigen Böden in vollsonniger Lage zwischen 500 und 2500 m Seehöhe. Der im Gelben Enzian enthaltene Bitterstoff Amarogentin ist der bitterste bekannte Naturstoff. Man kann ihn in einer Verdünnung von 1:58.000.000 noch immer deutlich schmecken.

VERWENDUNG IN DER VOLKSHEILKUNDE

Vom illyrischen König Gentius (2. Jh. v. Chr.) hat der Enzian angeblich seinen Namen. Dieser soll den Enzian entdeckt und ihn gegen Seuchen empfohlen haben. Seine Wirkung bei Magen-Darm-Beschwerden wurde schon von Dioskurides geschätzt, der ihn in Form von Enziansirup einsetzte. Für Hildegard von Bingen und Hieronymus Bock war die Enzianwurzel ein wirksames Mittel, um die Potenz zu fördern. Hildegard empfahl sie außerdem bei Schmerzen am Herzen. So sollte man Enzianpulver in Suppe oder Wein zu sich nehmen, um die Herztätigkeit anzuregen und die Durchblutung zu fördern.

In der Volksheilkunde wird vor allem die Wurzel des Gelben Enzians, aber auch die des punktierten Enzians verwendet. Diese kann bis zu einem Meter lang werden und wird im Herbst gegraben, wenn die Kraft der Pflanze vom oberirdischen Kraut wieder zurück in die Wurzel geht.

Der aus den Wurzeln aufwendig gewonnene Enzianschnaps ist sehr teuer und ein beliebtes Mittel bei Magen-Darm-Beschwerden. Diese Wirkung ist auf seinen sehr hohen Gehalt an Bitterstoffen zurückzuführen. Der Enzian gilt als bitterste Pflanze der Alpen. Diese Bitterstoffe regen die Verdauung an, steigern den Appetit und helfen bei Völlegefühl und Blähungen. Soll er die Verdauung anregen, ist es ratsam, ihn ca. 30 Minuten vor dem Essen einzunehmen, sonst könnte er das Gegenteil bewirken.

Der Enzian wird in der alpenländischen Volksheilkunde zur allgemeinen Stärkung verwendet und ist in vielen stärkenden Mitteln und Liebestränken enthalten. So kann er auch bei Fieber wieder zu Kraft verhelfen. Außerdem verbessert er, ganz nach dem Motto „bitter macht lustig", die Laune und sorgt für mehr Lebensfreude. Der Enzian wird auch äußerlich bei schlecht heilenden Wunden und Geschwüren angewandt. Außerdem soll eine Einreibung bei Muskelschmerzen, Rheuma, Verstauchungen und Gelenkschmerzen gut helfen. Hier kann man einen Sud aus den Wurzeln oder die Tinktur verwenden. Die Wurzel wurde oft als schützendes Amulett getragen, um Flüche und Verhexungen abzuwehren. Seit den 1960er-Jahren stehen alle Enzianarten unter Naturschutz.

REZEPT FÜR ENZIANLIKÖR

- 1 EL Enzianwurzeln (frisch oder getrocknet), klein geschnitten
- 1 Bio-Zitrone, klein geschnitten
- 1 l Alkohol (38 Volumenprozent)
- ca. 1 l Zuckersirup (1:1 Wasser und Zucker)

Alles mit dem Alkohol in ein Glas geben und gut verschließen, mindestens eine Woche stehen lassen. Je länger, desto bitterer wird der Likör. Es sollte alles gut mit Alkohol bedeckt sein. Ab und zu schütteln. Abfiltern und dann Zuckersirup nach Geschmack dazugeben. In dunkle Flaschen füllen, etikettieren, einige Wochen reifen lassen und genießen.

FICHTENLIKÖR & -SCHNAPS

Produktbezeichnung / Produktklasse

- Likör
- Ansatzschnaps
- Geist

Alkoholgehalt

unterschiedlich

Herkunft

im ganzen Alpenraum gebräuchlich

ZUTATEN

Fichte (Picea abies), von ihr die frischen, hellgrünen, jungen Triebe (Maiwipferl), selten auch junge Äste

VERWENDUNG

Erkältung, Husten, Halsschmerzen

GESCHICHTE

Fichtenwipfel sind auch Bestandteil des Franzbranntweins, welcher bei Durchblutungsstörungen und Verspannungen angewandt wird.

HERSTELLUNG

Die Herstellung erfolgt auf unterschiedliche Weise.

- **Mazeration der Triebe in Alkohol:** Die Pflanzen werden über unterschiedlich lange Zeiträume in Alkohol ausgezogen und dann abgefiltert.
- **Durch Destillation:** Die Pflanzen werden in einer Mischung aus Alkohol und Wasser (ca. 55 Volumenprozent) mazeriert und dann destilliert. In der Herstellung für den Hausgebrauch werden die Triebe meist nur in Alkohol mazeriert.

DORT, WO DAS GRÜN SO DICHTE UM KIRCH UND RASEN STEHT,
DA WO DIE ALTE FICHTE ALLEIN ZUM HIMMEL WEHT;
DA RUHET UNSRER TOTEN FRÜHZEITIGES GESCHICK,
UND LEITET VON DEM BODEN ZUM HIMMEL UNSERN BLICK.

JOHANN WOLFGANG VON GOETHE

- **Durch Destillation mit Aromakorb:** Das Destilliergut wird im Aromakorb verteilt. Beim Destillieren von Neutralalkohol nimmt der Alkoholdampf die Aromastoffe aus dem Korb auf und es entsteht ein Geist. Danach wird das Destillat auf Trinkstärke eingestellt.

HAUPTBESTANDTEIL

Die Fichte (Picea abies) ist ein aufrecht wachsender immergrüner Baum, der bis zu 40 Meter hoch wird. Sie ist sehr widerstandsfähig, kann bis zu 600 Jahre alt werden und einen Stammdurchmesser von bis zu 1,5 Metern erreichen. Die wichtigsten Inhaltsstoffe der Fichte sind ätherisches Öl, Terpentinöl, Harz, Gerbstoffe und Vitamin C. Bereits im Mittelalter wurde die Fichte als Heilpflanze eingesetzt.

VERWENDUNG IN DER VOLKSHEILKUNDE

Verwendet werden vor allem das Harz und die jungen Triebe. Nadelbäume produzieren Harz, um ihre Wunden zu verschließen. Das Pech enthält unter anderem Harzsäure sowie ätherische Öle und ist ein natürliches Pflaster mit antibakterieller und pilztötender Eigenschaft, das bei Mensch und Tier genutzt werden kann. In der Volksmedizin wird es traditionell gegen viele Wehwehchen eingesetzt: als Zugsalbe und zur Behandlung von Schürfwunden, Schnitten, Verletzungen, Rheumatismus, Schmerzen des Bewegungsapparates, gegen Erkältungen, Husten und Halsschmerzen.

Das Pech kann auch gut in eine Pechsalbe eingerührt werden, muss aber zuvor gereinigt werden. Eine solche Pechsalbe wirkt desinfizierend und kann zur Wundheilung, als Mittel gegen Gicht bzw. Rheuma oder bei Brustleiden eingesetzt werden.

Aus den Nadeln gewinnt man durch Wasserdampfdestillation das ätherische Fichtennadelöl. Dieses wird bei Infekten der Atemwege und bei rheumatischen Beschwerden angewandt. Es sollte nur verdünnt zum Einsatz kommen. Die jungen Triebspitzen, welche im Frühling gesammelt werden, schmecken sauer und harzig zugleich und sind eine Delikatesse. Man stellt aus ihnen in den Alpen traditionellerweise Fichtenwipfelsirup her. Dieser ist ein wunderbares Mittel der Volksheilkunde bei Husten und kratzigem Hals.

REZEPT FÜR FICHTENLIKÖR

- 2 Handvoll frische Fichtentriebe
- 2 Bio-Zitronen, klein geschnitten
- 1 l Alkohol (38 Volumenprozent)
- ca. 1 l Zuckersirup (1:1 Wasser und Zucker)

Alles mit dem Alkohol in ein Glas geben und gut verschließen, mindestens eine Woche stehen lassen. Besser länger. Es sollte alles gut mit Alkohol bedeckt sein. Ab und zu schütteln. Abfiltern und dann Zuckersirup nach Geschmack dazugeben. In dunkle Flaschen füllen, etikettieren, einige Wochen reifen lassen und genießen. Dieser Likör hilft bei Verkühlungen und Halsschmerzen.

GÉNÉPI ODER GENEPY

Produktbezeichnung / Produktklasse

- Likör
- Ansatzschnaps (selten)
- Geist

Alkoholgehalt

unterschiedlich

Herkunft

Italien, Frankreich, Schweiz

ACHTUNG! In manchen Regionen steht die Edelraute unter Naturschutz. Erkundige dich vor dem Sammeln nach den Bestimmungen in deiner Region.

ZUTATEN

Ährige Edelraute (Artemisia genipi, frz. Génépi Noir) oder Echte Edelraute (Artemisia umbelliformis, frz. Génépi Blanc), blühendes Kraut, frisch oder getrocknet

VERWENDUNG

als Aperitif, Digestif oder in Cocktails; wirkt belebend, fördert die Verdauung, hilft gegen Verkühlungen und Ohrenschmerzen, wirkt menstruationsregulierend, schweißtreibend, stärkend und wundheilend

GESCHICHTE

Der Génépi wird in den Alpentälern von Norditalien, Frankreich und dem Wallis seit Jahrhunderten hergestellt.

HERSTELLUNG

Die Herstellung von Génépi erfolgt auf unterschiedlichste Weise.

DER GÉNÉPI BELEBT KÖRPER,
GEIST UND SEELE.

- **Mazeration der Kräuter in Alkohol:** Die Pflanzen werden über eine unterschiedlich lange Zeit in Alkohol ausgezogen und dann abgefiltert – diese Methode ist bei Génépi üblich und hat Tradition. Um die typische gelb-grüne Farbe des Génépi zu erhalten, muss er in mindestens 90-prozentigem Alkohol ca. 40 Tage ausgezogen werden. Dann wird er auf ca. 40 Volumenprozent Alkoholgehalt verdünnt. Um das bittere Mazerat wohlschmeckender zu machen, wird diesem auch Zucker zugesetzt und so ein Likör hergestellt.
- **Durch Destillation:** Die Pflanzen werden in einer Mischung aus Alkohol und Wasser (ca. 55 Volumenprozent) mazeriert und dann destilliert.

In der Herstellung für den Hausgebrauch wird die Edelraute meist in Alkohol mazeriert.

HAUPTBESTANDTEIL

Die Edelraute (beide Arten) gehört zur Gattung der Artemisia und ist eine ausdauernde, winterharte Pflanze, welche zwischen 5 und 15 cm hoch wird. Der Korbblütler wächst auf locker-felsigem Boden und ist dicht, filzig und gräulich behaart. Die Grundblätter sind in Rosetten angeordnet. Die kleinen gelben Blüten der Edelraute erscheinen von Juli bis August. Sie ist nur in hohen Lagen zwischen 1600 und 3800 m zu finden. Die Hauptvorkommen sind in Frankreich, Italien und der Schweiz. In Österreich ist sie eher selten zu finden.

Die Ährige Edelraute gilt als gefährdete Art und steht auch in Österreich und der Schweiz unter Naturschutz. In den französischen Alpen ist es erlaubt, 100 Stängel zu pflücken. Diese reichen für einen 2,5 -Liter-Ansatz.

VERWENDUNG IN DER VOLKSHEILKUNDE

Für volksheilkundliche Anwendungen und für die Herstellung des Génépi wird das Kraut blühend von Juli bis August geerntet. Im Aostatal gehört ein Génépi einfach zu einer zünftigen Käsejause dazu. Hauptanwendungsgebiete in der Volksheilkunde sind Verdauungsbeschwerden und Verkühlungen. Die Edelraute soll auch belebend wirken. Bei Ohren- und Halsschmerzen hat man sie früher in der Volksheilkunde auch eingesetzt.

GÉNÉPI (nach einem Rezept von „Génépi des Sommets")

- 5 g Edelrautenkraut, getrocknet
- 200 g Zucker
- 500 ml Alkohol (90 Volumenprozent)
- 500 ml Wasser

Das klein geschnittene Kraut mit dem Alkohol in ein Glas geben und gut verschließen, 40 Tage stehen lassen. Es sollte alles gut mit Alkohol bedeckt sein. Ab und zu schütteln. Abfiltern. Einen Sirup aus dem Zucker und dem Wasser herstellen und zum Alkohol geben. In dunkle Flaschen füllen, etikettieren, einige Wochen reifen lassen und genießen.

HASELNUSSLIKÖR & -SCHNAPS

Produktbezeichnung / Produktklasse

- Likör
- Geist

Alkoholgehalt

unterschiedlich

Herkunft

im ganzen Alpenraum gebräuchlich

ZUTATEN

Hasel (Corylus avellana), von ihr die reifen Nüsse

VERWENDUNG

in Cocktails und als Genussmittel; hilft bei Husten und zur Steigerung der Denkleistung

HERSTELLUNG

Die Herstellung erfolgt auf unterschiedliche Weise.

- **Mazeration in Alkohol:** Die Nüsse werden über eine unterschiedlich lange Zeit in Alkohol ausgezogen und dann abgefiltert.
- **Durch Destillation:** Die Nüsse werden in einer Mischung aus Alkohol und Wasser (ca. 55 Volumenprozent) mazeriert und dann destilliert.
- **Durch Destillation mit Aromakorb:** Das Destilliergut wird im Aromakorb verteilt. Beim Destillieren von Neutralalkohol nimmt der Alkoholdampf die Aromastoffe aus dem Korb auf und es entsteht ein Geist. Danach wird das Destillat auf Trinkstärke eingestellt.

HAUPTBESTANDTEIL

Der mehrjährige Strauch ist eine Pionierpflanze, welche den Boden für andere Pflanzen vorbereitet. Er ist zweihäusig und kann bis zu 12 Meter hoch werden. Seine Blätter sind herzförmig und haben einen sägezahnförmigen Rand.

VERWENDUNG IN DER VOLKSHEILKUNDE

Die männlichen Kätzchen kann man bereits im Frühling sammeln, wenn sie blühen, und zu einem Sirup gegen Fieber verarbeiten. Dazu passen auch gut Mädesüß-, Holunder- oder Lindenblüten. Die Haselnüsse selbst sind eine gute Nahrungsergänzung bei Diabetes oder Gleichgewichtsstörungen und regen die Immunabwehr an. Sie sollen auch die Libido steigern und Energie geben, deshalb mochte die Nonne Hildegard von Bingen die Hasel nicht. Weil die Hasel eine Schutzpflanze ist und als heilig angesehen wurde, wurde sie oft in der Nähe von Häusern gepflanzt.

Haselblätter wirken blutreinigend und blutstillend, aber auch lindernd bei Husten. Einen wässrigen Auszug aus den Blättern kann man äußerlich auf Wunden, schmerzende Venen oder Geschwüre auflegen. Die Nüsse sind eine gute Nahrung für das Gehirn.

REZEPT FÜR HASELNUSSLIKÖR

- 1 kg Haselnüsse, geschält
- 200 g Zucker
- 1 Stange Zimt
- 1 Vanilleschote
- 1 Bio-Zitrone, davon die Schale
- 1 l Alkohol (38 Volumenprozent)

Haselnüsse hacken und in einer beschichteten Pfanne ohne Fett rösten. Die abgekühlten Haselnüsse gemeinsam mit dem Zucker, der Zimtstange, der ausgekratzten Vanilleschote und der Zitronenschale in ein Glas geben und mit dem Alkohol übergießen. Es sollte alles gut mit Alkohol bedeckt sein. Glas gut verschließen und 4 bis 8 Wochen ausziehen lassen. Ab und zu schütteln. Abfiltern. In dunkle Flaschen füllen, etikettieren, einige Wochen reifen lassen und genießen.

HEULIKÖR & -SCHNAPS

Produktbezeichnung / Produktklasse

- Likör ▪ Spirituose ▪ Geist

Alkoholgehalt

unterschiedlich

Herkunft

im ganzen Alpenraum gebräuchlich

ACHTUNG! Heu ist ein Futter- und kein Lebensmittel und darf deshalb auch nicht als solches verwendet werden. Wenn das Heu von einer naturbelassenen, unbewirtschafteten, ungedüngten Wiese ist, gibt es die Möglichkeit, dass man das Heu mit amtlichem Zertifikat als Lebensmittel verwenden kann.

ZUTATEN

Heublumen (Flores graminis)

VERWENDUNG

in Cocktails, als Genussmittel; wirkt beruhigend auf Körper und Geist, stärkt das Immunsystem, wirkt vorbeugend gegen Schnupfen und Erkältung

GESCHICHTE

Heulikör und -schnaps wird schon seit langer Zeit in den Alpen hergestellt.

HERSTELLUNG

Die Herstellung erfolgt auf unterschiedliche Weise.

- **Mazeration in Alkohol:** Die Pflanzen werden über eine unterschiedlich lange Zeit in Alkohol ausgezogen und dann abgefiltert.
- **Durch Destillation:** Die Pflanzen werden in einer Mischung aus Alkohol und Wasser (ca. 55 Volumenprozent) mazeriert und dann destilliert.
- **Durch Destillation mit Aromakorb:** Das Destilliergut wird im Aromakorb verteilt. Beim Destillieren von Neutralalkohol nimmt der Alkoholdampf die Aromastoffe aus dem Korb auf und es entsteht ein Geist. Danach wird das Destillat auf Trinkstärke eingestellt.

HAUPTBESTANDTEIL

Heublumen (Flores graminis) enthalten mehr als 100 Pflanzensorten in Form von Blütenteilen, Samen, kleineren Blatt- und Stängelstücken und fast ebenso viele Wirkstoffe. Sie bestehen aus verschiedenen Gräsern und vielen unterschiedlichen Kräutern. Das variiert, je nachdem von welcher Wiese das Heu stammt. Das Heu für Heilzwecke sollte am besten von ungedüngten, artenreichen Bergwiesen stammen, welche im August in voll aufgeblühtem Zustand mit der

Sense gemäht werden. Als Heublumen wird das bezeichnet, was nach der Trocknung auf dem Stadelboden liegen bleibt.

Heublumen enthalten in unterschiedlichen Mengen Flavonoide, Gerbstoffe, ätherisches Öl, Cumarine und Furanocumarine. Die enthaltenen Cumarine sorgen für den typischen Heuduft. Für Personen mit Heuschnupfen sind Anwendungen mit Heu nicht geeignet.

VERWENDUNG IN DER VOLKSHEILKUNDE

Pfarrer Sebastian Kneipp (1821–1897) nutzte die Heublumen für seine Therapien bei Muskelkrämpfen, für das Bindegewebe, zur Durchblutungsförderung und zur Abwehrsteigerung und nannte sie „Morphium der Naturheilkunde". Er wandte sie hauptsächlich als Auflagen, Bäder und Wickel an und schrieb dazu: „Die Heublumen müssen viel mehr von solchem Grase genommen werden, welches möglichst viele verschiedene Kräuter enthält, [...] also von trockenen Wiesen oder noch besser von Höhen-, Gebirgs- und Alpenwiesen."

Heubäder haben in den Alpen eine lange Tradition. Melchior Miersperger, ein Wundarzt in Kitzbühel (17. Jh.), empfahl Heublumen, wenn die Brust entzündet war und keine Milch gab, zusammen mit Kamille und Beifuß als Kompresse oder indem die Brust über den Dampf gehalten wurde. Im Zillertal werden Heublumen, auch Miete genannt, in der Pfanne angewärmt, in Säckchen gegeben und bei Ohrenschmerzen aufgelegt. Auch bei Hauterkrankungen werden Auflagen aus Heublumentee oder Milchauszügen empfohlen.

Die Heublumen können für Umschläge, Auflagen und Bäder zur Schmerzlinderung, Beruhigung und Entspannung bei verkrampften Muskeln und zur Durchblutungssteigerung verwendet werden. Heublumenbäder, -wickel und -umschläge stärken die Abwehrkräfte und können bei Erkältungskrankheiten und Fieber sowie bei Rheuma helfen. Sie wirken auch bei Gelenkentzündungen und Wechseljahrbeschwerden. Bei Ohren-, Zahn- und Kopfschmerzen werden ebenfalls Heudampfbäder angewandt.

Für ein Bad setzt man einen Tee mit 2 bis 3 Handvoll Heublumen an. Diese werden mit kochend heißem Wasser übergossen. 15 bis 20 Minuten lang ziehen lassen, dann abseihen und zum Badewasser geben. Das entspannt und wärmt.

Heublumenwickel speichern Wärme gut und regen dadurch die Durchblutung und den Kreislauf an. Durch Erwärmen geben die Heublumen ihre vielfältigen Wirkstoffe und ätherischen Öle ab. Diese wirken sehr entspannend auf Körper und Geist. Außerdem bringen sie den Stoffwechsel in Schwung und verbessern die Struktur des Bindegewebes. Solche Wickel oder Säcke können an jeder Körperstelle angebracht werden und wirken dort bis in die Tiefe. Am besten verwendet man Säcke aus reinem Leinen und erwärmt sie über Dampf, dann sind sie zum Einsatz bereit. Den Sack so lange auflegen, bis er nicht mehr warm ist (ca. 30 bis 45 Minuten). Danach sollte man ca. 30 Minuten ruhen, am besten im warmen Bett. Auch Massagen mit Heustempeln können Schmerzen im Bewegungsapparat lindern.

Rezept für Heublumenlikör

- 20 g Heublumen
- 1 Vanilleschote
- 1 Bio-Zitrone oder -Orange, davon die Schale
- 1 l Alkohol (38 Volumenprozent)
- 200 g Zucker

Die klein geschnittenen Heublumen gemeinsam mit der ausgekratzten Vanilleschote, Zitronenschale und dem Zucker in ein Glas geben und mit dem Alkohol übergießen. Es sollte alles gut mit Alkohol bedeckt sein. Glas gut verschließen und 4 bis 8 Wochen ausziehen lassen. Ab und zu schütteln. Abfiltern. In dunkle Flaschen füllen, etikettieren, einige Wochen reifen lassen und genießen.

HOLUNDERLIKÖR & -SCHNAPS

VOR DEM HOLLER MUSS MAN IMMER DEN HUT ZIEHEN!

Produktbezeichnung / Produktklasse

▪ Destillat ▪ Spirituose ▪ Likör

Alkoholgehalt

unterschiedlich

Herkunft

im ganzen Alpenraum gebräuchlich

ZUTATEN

Schwarzer Holunder (Sambucus nigra) oder seltener Roter Holunder (Sambucus racemosa), von beiden die Holunderblüten und reifen Holunderbeeren

VERWENDUNG

in Cocktails und als Genussmittel; bei Geschwüren, Fieber, Grippe, Atemwegsinfekten, Wunden, Hautinfektionen, Verbrennungen, Verstauchungen, Prellungen, Rheuma, zur Abwehrstärkung, als Abführ- oder Allheilmittel

GESCHICHTE

Ein Holunderbusch kann etwa 100 Jahre alt werden. In den Alpen ist diese Heilpflanze eine sehr häufig vorkommende Strauchart. Grundsätzlich ist der Holunder sehr anspruchslos und robust. Er ist frosthart und bevorzugt den Halbschatten. Der Name Holunder leitet sich möglicherweise aus der nordischen Mythologie ab, in wel-

AUF JOHANNISTAG BLÜHT DER HOLLER,
DA WIRD DIE LIEBE NOCH TOLLER!

cher der Strauch mit der Unterweltgöttin Frau Holle in Verbindung gebracht wurde. Im Alpenraum wurde der Hollerbusch als heilig angesehen und bei jedem Bauernhof gepflanzt. Das Fällen des Busches brachte Unglück, da in ihm die guten Hausgeister wohnten. Außerdem war er sehr wichtig für die Bauern, da er für viele Krankheiten ein Heilmittel bot.

HERSTELLUNG

Die Herstellung erfolgt auf unterschiedliche Weise.

- **Mazeration in Alkohol:** Die Pflanzen werden über eine unterschiedlich lange Zeit in Alkohol ausgezogen und dann abgefiltert.
- **Durch Destillation:** Die Pflanzen werden in einer Mischung aus Alkohol und Wasser (ca. 55 Volumenprozent) mazeriert und dann destilliert.
- **Durch Destillation mit Aromakorb:** Das Destilliergut wird im Aromakorb verteilt. Beim Destillieren von Neutralalkohol nimmt der Alkoholdampf die Aromastoffe aus dem Korb auf und es entsteht ein Geist. Danach wird das Destillat auf Trinkstärke eingestellt.

HAUPTBESTANDTEIL

Der Schwarze Holunder (Sambucus nigra) hat seinen Namen von seinen Beeren, welche ab September reif sind und schwarz-violett glänzen. Von Mai bis hinein in den Juli erscheinen am jungen Holz bis zu 30 cm große, flache Schirmrispen aus vielen Einzelblüten. Der wunderbare Duft ist unverwechselbar und typisch für den Holunder.

VERWENDUNG IN DER VOLKSHEILKUNDE

Der Holunder wird schon seit langer Zeit in der Heilkunde verwendet. Hippokrates nützte ihn bei Verstopfung und als harntreibendes Mittel. Bei den alten Griechen wurden seine Wurzeln in Wein ausgekocht und gegen Wassersucht verwendet. Die Blätter legte man auf Geschwüre auf. Im Mittelalter galt der Holunder als Allheilmittel und war sehr beliebt. Etwa ab dem 18. Jahrhundert setzten Heilkundige den Holunder bei Fieber und Atemwegsinfekten ein.

Verwendet werden hauptsächlich die frischen oder getrockneten Blüten und die reifen Beeren. Die in den Blüten enthaltenen Flavonoide erhöhen die Widerstandsfähigkeit gegen Viren. Deshalb und weil er schweißtreibend wirkt, ist der Holunderblütentee eine gute Wahl bei Grippe. Er hilft bei Husten, da er das Abhusten erleichtert.

Die reifen Beeren enthalten unter anderem Flavonoide, Anthocyane (diese starken Antioxidantien schützen die Körperzellen vor dem Angriff freier Radikale; dadurch stabilisieren sie die Körperzellwände und stärken zusätzlich das Immunsystem), ätherische Öle und Vitamine. In der alpinen Volksheilkunde wird empfohlen, im Herbst viel Holunderbeerensaft zu trinken, Hollerbeerenkoch oder -gelee zu essen, um die Abwehr zu stärken. Denn die Beeren enthalten viel Vitamin C.

In rohem Zustand sind die Früchte des Holunderstrauchs leicht giftig, nach dem Kochen aber völlig ungefährlich. Die Beeren haben leicht abführende Wirkung.

Äußerlich werden Holunderblüten in der Volksmedizin zur Beruhigung von Wunden, Hautinfektionen, Verbrennungen und kleinen Geschwüren verwendet. Die Blätter kommen bei Verstauchungen, Prellungen und Rheuma zum Einsatz. Rinde und Wurzel werden als Abführmittel eingesetzt.

REZEPT FÜR HOLUNDERLIKÖR

- 500 g reife Holunderbeeren
- 1 Stange Zimt
- 1 Vanilleschote
- 1 Bio-Zitrone, davon die Schale
- 200 g Zucker
- 1 l Alkohol (38 Volumenprozent)

Die Holunderbeeren (ohne Stängel) gemeinsam mit der Zimtstange, der ausgekratzten Vanilleschote, der Zitronenschale und dem Zucker in ein Glas geben und mit dem Alkohol übergießen. Es sollte alles gut mit Alkohol bedeckt sein. Glas gut verschließen und 4 bis 8 Wochen ausziehen lassen. Ab und zu schütteln. Abfiltern. In dunkle Flaschen füllen, etikettieren, einige Wochen reifen lassen und genießen.

HONIGLIKÖR

Produktbezeichnung / Produktklasse

- Likör

Alkoholgehalt

unterschiedlich

Herkunft

im ganzen Alpenraum gebräuchlich

ZUTATEN

Honig und je nach Rezept Vanilleschoten, Zimt, Nelken, Zitronenschalen, Orangenschalen, Kräuter und Ingwer

VERWENDUNG

in Cocktails und als Genussmittel; wirkt wärmend, erfrischend, vorbeugend gegen Grippe und Erkältung, lindert Grippesymptome, Halsschmerzen, Husten, wirkt antibakteriell, antimykotisch (pilzhemmend) und antioxidativ

GESCHICHTE

Der Mensch nutzt schon seit über 10.000 Jahren Honig als Nahrungs- und Heilmittel. Honiglikör wird auch schon seit langer Zeit hergestellt. In Deutschland ist Honiglikör als Bärenfang bekannt, in Kroatien als Medica.

HERSTELLUNG

siehe Rezept

HAUPTBESTANDTEIL

Honig: Bienenhonig besteht aus vielen verschiedenen Inhaltsstoffen (Vitamine, Aminosäuren, Mineralstoffe) und zu 80 % aus reinem Zucker. Die Bienen sammeln zum einen den Nektar aus den Blüten und zum anderen den Honigtau von den Bäumen (Waldhonig). Im Bienenstock wird das Sammelgut von Biene zu Biene weitergegeben und dabei über ihren Speichel mit körpereigenen Enzymen angereichert. Durch die ständige Bewegung in der warmen Luft des Bienenstocks verdunstet überschüssiges Wasser und der Honig dickt langsam ein. Der Honig wird auf die Waben verteilt und kann dort reifen.

VERWENDUNG IN DER VOLKSHEILKUNDE

Honig wird schon seit jeher als Heilmittel geschätzt – seine Wirkung ist in der Volksheilkunde seit Jahrhunderten bekannt. Die antibakterielle Wirkung macht Honig zu einem guten Wundheilmittel. Auch bei Hautproblemen, Magen-Darm-Beschwerden oder Pilzinfektionen kann man sich diese Wirkung zunutze machen. Besonders wirksam ist Honig bei Husten und Halsschmerzen. Auf die Fieberblase aufgetragen, ist Honig auch sehr heilsam. Bei Scheidenpilzen wird in der Volksheilkunde empfohlen, eine Mischung aus Joghurt und Honig zur Behandlung anzuwenden. Honig sollte nicht über 40 °C erwärmt werden, da sonst viele wichtige Inhaltsstoffe verloren gehen.

REZEPT FÜR HONIGLIKÖR

- 1 l Alkohol (38 Volumenprozent)
- 1 kleines Stückchen Ingwer, klein geschnitten
- 1 Bio-Zitrone, davon die Schale
- 500 g reiner Bienenhonig, am besten vom regionalen Imker deines Vertrauens

Den Alkohol in einem Topf gemeinsam mit dem Ingwer und der Zitronenschale erwärmen (max. 39 °C) und dann den Honig darin auflösen. Alles in ein Glas füllen. Dieses gut verschließen und die Mischung ein paar Tage ausziehen lassen. Ab und zu schütteln. Abfiltern. In dunkle Flaschen füllen, etikettieren, einige Wochen reifen lassen und genießen.

IVA

Produktbezeichnung / Produktklasse

- Spirituose
- Likör

Alkoholgehalt

unterschiedlich

Herkunft

Engadin, Tessin

ACHTUNG! Das Sammeln der Moschus-Schafgarbe ist in manchen Gegenden verboten! Erkundige dich vor dem Sammeln nach den Bestimmungen in deiner Region.

ZUTATEN

Moschus-Schafgarbe (Achillea moschata, Achillea erba-rotta ssp. moschata), von ihr das blühende Kraut

VERWENDUNG

in Cocktails und als Aperitif, Digestif oder Genussmittel; stärkt die Verdauung, hilft bei Blähungen und Appetitlosigkeit, wirkt belebend und schweißtreibend

GESCHICHTE

Iva ist das rätoromanische Wort für die Moschus-Schafgarbe, aber auch der Name für den Likör, der aus der Pflanze hergestellt wird. Wahrscheinlich geschah dies 1782 zum ersten Mal, zumindest weist ein Bericht in der Landesausstellung von 1887 in Zürich darauf hin. Der Apotheker Samuel Bernhard, der Vater von Oscar Bernhard, einem berühmten Engadiner Alpenmediziner, war ein echter Fan des „Iva" und trug dazu bei, dass er wieder vermehrt produ-

ziert wurde. Ab 1860 stellte er ihn selbst in seiner Apotheke her und baute später zu diesem Zweck sogar eine Fabrik in Samedan. Das Gebäude ist heute eine Ruine.

Man trinkt im Engadin einen „Iva", um auf die Freundschaft anzustoßen. Der „Braulio", ein „Amaro Alpino" aus der Gegend um Bormio, enthält unter anderen Kräutern auch Iva.

Die Beliebtheit der Herstellung des „Iva" durch Ausziehen in hochprozentigem Alkohol im Engadin ist wahrscheinlich durch die Nähe zur Zollfreizone Samnaun bedingt, dort bekommt man kostengünstig hochprozentigen Alkohol.

In Graubünden um Arosa ist es üblich, die Iva in Obstler anzusetzen.

HERSTELLUNG

- **Mazeration der Kräuter in Alkohol:** Die Pflanzen werden über eine unterschiedlich lange Zeit in Alkohol ausgezogen und dann abgefiltert. In der Herstellung für den Hausgebrauch werden die Kräuter meist in Alkohol mazeriert.

Um den bitteren Schnaps wohlschmeckender zu machen, wird dieser oft verdünnt. Häufig stellt man auch mithilfe von Zucker oder Honig einen Likör daraus her.

Die Rezepte variieren je nach Hersteller. Manche Produzenten nehmen mehr Blüten, manche mehr Blätter – je nach Geschmack. Auch die Ansatzdauer variiert erheblich. Meist ist es ca. eine Woche. Je

länger man die Pflanze im Alkohol ausziehen lässt, desto bitterer wird das Endprodukt.

HAUPTBESTANDTEIL

Die Moschus-Schafgarbe wächst auf einer Seehöhe ab etwa 1700 m bis auf 2300 m. Sie gleicht der gewöhnlichen Schafgarbe, ist jedoch kleiner und wird nur ca. 5 bis 20 cm hoch. Die grünen, gefiederten Blätter sind drüsig punktiert. Die unten liegenden sind gestielt. Je nach Witterung wird das weiß blühende Kraut von Juli bis August gesammelt. Die Moschus-Schafgarbe wird auch „Wildfräulein" oder „Jochgrammile" bzw. „Jochkamille" genannt.

VERWENDUNG IN DER VOLKSHEILKUNDE

Äußerlich wurde die Moschus-Schafgarbe in der Volksheilkunde bei Wunden verwendet. Aufgrund der enthaltenen Bitterstoffe wird der Schafgarbe bei Magen-Darm-Beschwerden und Appetitlosigkeit eine positive Wirkung nachgesagt. Auch bei Menstruationsbeschwerden und bei Lebererkrankungen soll die Iva gute Dienste tun.

REZEPT FÜR „IVA"

- 1 l Alkohol (98 Volumenprozent)
- 4 Handvoll Ivablätter und -blüten, klein geschnitten
- ca. 1 l Zuckersirup (1:1 Wasser und Zucker)

Das Kraut gemeinsam mit dem Alkohol in ein Glas geben. Es sollte alles gut mit Alkohol bedeckt sein. Glas gut verschließen und ca. 4 Wochen ausziehen lassen. Ab und zu schütteln. Abfiltern. Nach Geschmack mit Zuckersirup verdünnen und süßen. In dunkle Flaschen füllen, etikettieren, einige Wochen reifen lassen und genießen.

JOHANNISBEERLIKÖR & -SCHNAPS

Produktbezeichnung / Produktklasse

- Destillat ▪ Spirituose ▪ Likör

Alkoholgehalt

unterschiedlich

Herkunft

im ganzen Alpenraum gebräuchlich

ZUTATEN

Schwarze Johannisbeere (Ribes nigrum) und seltener auch die Rote Johannisbeere (Ribes rubrum), von beiden die reifen Früchte

VERWENDUNG

in Cocktails und als Genussmittel; zur Abwehrstärkung, bei Erkältungskrankheiten, Entzündungen, Arterienverkalkung, Arthritis, Rheuma, Gicht, Durchfall (Schwarze Johannisbeere) oder Verstopfung (Rote Johannisbeere)

HERSTELLUNG

Die Herstellung erfolgt auf unterschiedliche Weise.

- **Mazeration in Alkohol:** Die Beeren werden über eine unterschiedlich lange Zeit in Alkohol ausgezogen und dann abgefiltert.
- **Durch Destillation:** Die Beeren werden in einer Mischung aus Alkohol und Wasser (ca. 55 Volumenprozent) mazeriert und dann destilliert.
- **Durch Destillation mit Aromakorb:** Das Destilliergut wird im Aromakorb verteilt. Beim Destillieren von Neutralalkohol nimmt der Alkohol-

dampf die Aromastoffe aus dem Korb auf und es entsteht ein Geist. Danach wird das Destillat auf Trinkstärke eingestellt.

HAUPTBESTANDTEIL

Die Johannisbeere ist ein sommergrüner Strauch, der 1 bis 2 Meter hoch wird und auch Ribisel genannt wird. Sie gehört zur Familie der Stachelbeergewächse. Manche von ihnen haben Dornen, die Schwarze Johannisbeere nicht. Bei den meisten Ribiselarten werden einfache, traubige Blütenstände gebildet. Auf den einzelnen Beeren, welche rispenartig angeordnet sind, ist der Rest vom Blütenkelch noch erhalten. Die Blätter sind 3- bis 5-lappig und ca. 5 bis 10 Zentimeter groß. Ribisel werden in Mitteleuropa ca. seit dem 15./16. Jahrhundert angebaut. Die Schwarze Johannisbeere hat einen sehr hohen Gehalt an Vitamin C.

VERWENDUNG IN DER VOLKSHEILKUNDE

Bereits die Universalgelehrte Hildegard von Bingen empfahl vor allem die Schwarze Johannisbeere, um „Übles" auszutreiben, die Säfte zu reinigen und sie empfahl sie zur Behandlung von Rheuma und Gicht.

Die reifen Beeren enthalten neben viel Vitamin C auch Flavonoide und sorgen dafür, dass der Körper durchgespült wird. Das hilft bei entzündlichen Erkrankungen der Harnwege, Rheuma und Gicht. Im Herbst und Winter ist es üblich, die Abwehrkräfte mit Ribiselsaft, -schnaps oder -likör zu stärken. Auch wenn man schon an einem grippalen Infekt erkrankt ist, wirkt die Schwarze Johannisbeere stärkend.

Die Rote Johannisbeere wirkt ähnlich, enthält aber weniger Vitamin C.

REZEPT FÜR CASSISLIKÖR

- 500 g Schwarze Ribisel
- 1 Vanilleschote
- 1 l Alkohol (38 Volumenprozent)
- ca. 1 l Zuckersirup (1:1 Wasser und Zucker)

Die Ribisel (ohne Stängel) gemeinsam mit der ausgekratzten Vanilleschote in ein Glas geben und mit dem Alkohol übergießen. Es sollte alles gut mit Alkohol bedeckt sein. Glas gut verschließen und 4 bis 8 Wochen ausziehen lassen. Ab und zu schütteln. Abfiltern. Nach Geschmack mit Zuckersirup verdünnen und süßen. In dunkle Flaschen füllen, etikettieren, einige Wochen reifen lassen und genießen.

Klosterliköre & -schnäpse

Produktbezeichnung / Produktklasse

- Spirituose ▪ Likör ▪ Geist

Alkoholgehalt

unterschiedlich

Herkunft

im ganzen Alpenraum gebräuchlich

ZUTATEN

Es gibt viele verschiedene geheime Klosterrezepte mit je einer Vielzahl an Heilpflanzen, Gewürzen, Wurzeln und Früchten.

VERWENDUNG

als Digestif, in Cocktails; Klosterliköre werden bei verschiedensten Leiden – innerlich und äußerlich – angewandt. Oft sollen sie die Verdauung verbessern und für allgemeines Wohlbefinden sorgen.

GESCHICHTE

Die meisten Rezepte für Klosterliköre und -geiste stammen bereits aus dem Mittelalter und sind gut gehütete Geheimnisse der Mönche, welche sich bis heute erhalten haben. In sehr vielen Klöstern ist es üblich, einen Klosterlikör oder -schnaps herzustellen. Die Vielfalt ist sehr groß, die Anzahl der verwendeten Kräuter ebenso. Klöster waren Zentren des Wissens und der Heilkunst. Die Kräuter aus dem Klostergarten (der als Apotheke des Klosters fungierte) ließen sich mit Alkohol gut konservieren und waren somit ständig verfügbar. Um den Geschmack zu verbessern, wurden diese alkoholischen Auszüge oft mit Honig oder Zucker gesüßt. Diese Kräuterelixiere hatten ursprünglich einen medizinischen Zweck und wurden oft als Lebenselixiere bezeichnet. Die so entstandenen Spirituosen waren oft Bitterliköre. Nach und nach wurden auch Liköre als Genussmittel hergestellt.

Noch heute wird eine Vielzahl an Klosterlikören nach den alten Rezepten hergestellt: Benedictine, Chartreuse (siehe S. 56), Ettaler Klosterbitter, Andechs Klosterkräuter, Marestiner (siehe S. 98) oder Karmelitengeist, um nur einige zu nennen.

HERSTELLUNG VON

Die Herstellung erfolgt auf unterschiedliche Weise.

- **Mazeration in Alkohol:** Die Pflanzen werden über eine unterschiedlich lange Zeit in Alkohol ausgezogen und dann abgefiltert.

- **Durch Destillation:** Die Pflanzen werden in einer Mischung aus Alkohol und Wasser (ca. 55 Volumenprozent) mazeriert und dann destilliert.
- **Durch Destillation mit Aromakorb:** Das Destilliergut wird im Aromakorb verteilt. Beim Destillieren von Neutralalkohol nimmt der Alkoholdampf die Aromastoffe aus dem Korb auf und es entsteht ein Geist. Danach wird das Destillat auf Trinkstärke eingestellt.

VERWENDUNG IN DER VOLKSHEILKUNDE

Für Klosterliköre bzw. -schnäpse werden oft Kräuter verwendet, die viele Bitterstoffe beinhalten und als Magenbitter bei Verdauungsproblemen helfen können. Häufig ist es auch möglich, sie innerlich und äußerlich bei verschiedensten Leiden anzuwenden.

REZEPT FÜR KLOSTERLIKÖR

- je zwei Handvoll Thymian, Salbei, Ringelblume, Beifuß, Engelwurz, Lavendel, Eberraute, Zitronenmelisse, Rose, Minze, Wacholderbeeren
- etwas Kümmel & Fenchel
- 1 l Alkohol (38 Volumenprozent)
- ca. 1 l Zuckersirup (1:1 Wasser und Zucker)
- optional: verschiedene andere Kräuter, je nachdem, welche Wirkung der Likör haben soll

Die klein geschnittenen Kräuter gemeinsam mit dem Alkohol in ein Glas geben. Es sollte alles gut mit Alkohol bedeckt sein. Glas gut verschließen und ca. 4 Wochen ausziehen lassen. Ab und zu schütteln. Abfiltern. Nach Geschmack mit Zuckersirup verdünnen und süßen. In dunkle Flaschen füllen, etikettieren, einige Wochen reifen lassen und genießen.

KRAUTINGER

Produktbezeichnung / Produktklasse

- Destillat

Alkoholgehalt

39 bis 49 Volumenprozent

Herkunft

Wildschönau, Tirol

HAUPTZUTAT

Stoppelrübe, auch Herbstrübe oder Krautrübe genannt (Brassica rapa L var. Rapa)

VERWENDUNG

als Digestif oder Lebenselixier; wirkt belebend, harntreibend und ausleitend, hilft bei Magenverstimmung, Unwohlsein, Grippe oder Depressionen

GESCHICHTE

Da in der Wildschönau das Klima sehr rau ist, nicht viel wächst außer der Stoppelrübe und die Bauern sehr arm waren, verlieh Kaiserin Maria Theresia den heimischen Bauern im 18. Jh. das Recht, aus der Stoppelrübe Schnaps zu brennen (pro Hof maximal 1000 Liter im Jahr).

Während des Zweiten Weltkrieges wollte man dieses Recht nicht mehr anerkennen, der alte Erlass konnte jedoch gefunden werden und so besteht das Recht bis heute. Von ursprünglich 51 Bauern brennen heute noch 16 den Krautinger.

Der Krautinger entstand wohl, weil nach der Verarbeitung der Rübe zuckerhaltiger Saft übrigblieb und man diesen verwerten wollte.

HERSTELLUNG

Durch Destillation: Die Rüben werden im Herbst geerntet, wenn sie viel Zucker enthalten. Dann müssen sie „ogehapplet" werden, das heißt, die Blätter und die Wurzel werden entfernt. Dann werden die Rüben in der Waschanlage gesäubert und mit einer Ratzmühle zu Brei zerkleinert. Anschließend gewinnt man mithilfe einer Packpresse den Rübensaft. Dieser wird so lange am Siedepunkt eingekocht, bis er auf ca. ein Drittel einreduziert ist, dabei werden immer wieder die Eiweißflocken abgeschöpft.

Dann wird der Sirup auf 37 °C abgekühlt, in gekühlte Gärfässer gefüllt und mit Hefe angesetzt. Nach eineinhalb bis fünf Tagen ist der Gärprozess abgeschlossen.

Zum Abschluss wird der Krautinger doppelt gebrannt und auf eine Trinkstärke von 39 bis 49 Volumenprozent gebracht. Aus 80 kg Rüben können die Hersteller ca. einen Liter Krautinger gewinnen.

HAUPTBESTANDTEIL

Die Stoppelrübe ist eine alte Speiserübe mit vielen Namen. Die Halm-, Stoppel-, Mai-, Herbst- oder Wasserrübe wird in der Wildschönau auch „Soachruam" genannt. Sie ist sehr anspruchslos in Bezug auf Boden und Klima, deshalb wächst sie selbst in der Wildschönau gut.

Die Blätter des Kohlgewächses sitzen direkt auf der Rübe.

Die weiß-violette Rübe wird im Herbst geerntet und war lange ein wichtiges Nahrungsmittel und ein ebenso bedeutender Vitamin-C-Lieferant. Der Teil der Rübe, der aus der Erde ragt, wird violett. Die Stoppelrübe wurde oft nach der Ernte des Getreides, wenn nur noch die Stoppeln am Feld waren, angebaut. Daher wohl auch einer ihrer vielen Namen.

VERWENDUNG IN DER VOLKSHEILKUNDE

Im Mittelalter war die Stoppelrübe ein wichtiges Nahrungsmittel. Sie enthält unter anderem sehr viel Kalzium, Vitamin C, Proteine, Zucker, Senfölglykoside sowie Bitterstoffe und hat einen hohen Wassergehalt (90 %). Jeden Tag ein Stamperl zu genießen, soll ein wunderbares Lebenselixier sein und belebend wirken, das sagt man auch heute noch in der Wildschönau.

Nach fettem Essen oder bei einer Magenverstimmung hilft der Krautinger, die Verdauung anzuregen. Zudem wirkt die Wasserrübe harntreibend und ausleitend. Bei Grippe soll ein Krautinger Linderung bringen. Zudem empfiehlt man in der Volksheilkunde ein Schnapserl bei Depressionen zur Stimmungsaufhellung.

LÄRCHERL

Produktbezeichnung / Produktklasse

- Spirituose ▪ Likör
- Geist ▪ Ansatzschnaps

Alkoholgehalt

unterschiedlich

Herkunft

im ganzen Alpenraum gebräuchlich

ZUTATEN

Lärche (Larix decidua), von ihr die jungen Triebe, die jungen violetten Zapfen (weibliche Blüte) oder die Zweige

VERWENDUNG

als Aperitif, in Cocktails; hilft bei Wunden, Entzündungen, Husten und Bronchitis

GESCHICHTE

Die Lärche ist ein Schutzbaum, in welchem die guten Geister wohnen. Früher brachte man oft einen Lärchenzweig zum Schutz an der Türe an oder hängte Kindern einen Zapfen oder Rinde um den Hals. Im Volksglauben ist die Lärche ein beliebter Wohnort für Feen und Elfen.

HERSTELLUNG

Die Herstellung erfolgt auf unterschiedliche Weise.

- **Mazeration in Alkohol:** Die Pflanzen werden über eine unterschiedlich lange Zeit in Alkohol ausgezogen und dann abgefiltert.
- **Durch Destillation:** Die Pflanzen werden in einer Mischung aus Alkohol und Wasser (ca. 55 Volumenprozent) mazeriert und dann destilliert.
- **Durch Destillation mit Aromakorb:** Das Destilliergut wird im Aromakorb verteilt. Beim Destillieren von Neutralalkohol nimmt der Alkoholdampf die Aromastoffe aus dem Korb auf und es entsteht ein Geist. Danach wird das Destillat auf Trinkstärke eingestellt.

HAUPTBESTANDTEIL

Mit ihren tiefen Wurzeln trotzt die Lärche, welche zur Familie der Kiefern gehört, starken Stürmen und nimmt auch sonst eine Sonderstellung unter den Nadelbäumen ein. Sie ist der einzige, bei dem sich die Nadeln im Herbst leuchtend gelb verfärben und abfallen. Bei Boden und Standort ist der einhäusige Baum nicht wählerisch, er wird bis zu 40 Meter hoch.

VERWENDUNG IN DER VOLKSHEILKUNDE

Das Harz der Lärche, auch Lerget, Lörget oder Lerchenterpentin genannt, zählt zu den wertvollsten Harzen überhaupt. Dieses Harz wurde früher von den sogenannten „Pechern" gewonnen. Sie bohrten die Lärchen mit einem Lergetbohrer an und fingen dann das flüssige Gold in einem Kübel auf. Das Lärchenharz wurde als Terpentin nach Venedig verkauft, weshalb es auch den Namen „Venezianisches Terpentin" hat. Der Arzt und Botaniker Petro A. G. Mattioli (1501–1578) schrieb zum Lärchenharz: „... weicht, wermet, zerheilt und säubert."

Das Harz wurde schon immer bei Verletzungen verwendet und oft schon im Wald direkt auf die Wunde gegeben. Es wirkt desinfizierend und keimtötend bei Wunden und Entzündungen. Es macht sich auch wunderbar in einer Zugsalbe. Früher strich man das Lärchenpech auch auf ein Tuch und verwendete dieses dann als Pflaster.

Bei Husten und Bronchitis wird es in einer Salbe auf Brust und Rücken aufgetragen und erleichtert so das Abhusten. Die Anwendung von Lärchenharz findet vorwiegend äußerlich statt, da es bei Einnahme zu Nebenwirkungen kommen kann.

REZEPT FÜR „LÄRCHERL"

- 2 Handvoll frische junge Lärchentriebe und/oder junge Zapfen, klein geschnitten
- 2 Bio-Zitronen, klein geschnitten
- 1 l Alkohol (38 Volumenprozent)
- evtl. 2 Nelken und 1 Sternanis

Alles mit dem Alkohol in ein Glas geben und gut verschließen, mindestens eine Woche stehen lassen. Besser länger. Es sollte alles gut mit Alkohol bedeckt sein. Ab und zu schütteln. Abfiltern. Um einen Likör daraus zu machen, Zucker und Wasser nach Geschmack dazugeben. In dunkle Flaschen füllen, etikettieren, einige Wochen reifen lassen und genießen. Dieser Schnaps bzw. Likör hilft bei Halsentzündungen und Husten.

LATSCHENLIKÖR & -SCHNAPS

Produktbezeichnung / Produktklasse

- Spirituose ▪ Likör
- Geist ▪ Ansatzschnaps

Alkoholgehalt

unterschiedlich

Herkunft

im ganzen Alpenraum gebräuchlich

ACHTUNG! Das Sammeln der Latsche ist in manchen Gegenden verboten! Erkundige dich vor dem Sammeln nach den Bestimmungen!

ZUTATEN

Latsche (Pinus mugo subsp. mugo), von ihr die jungen Triebe, jungen Zapfen oder Zweige

VERWENDUNG

hilft bei Erkältungskrankheiten, rheumatischen Beschwerden, Gelenkschmerzen, Muskelkater, Verspannungen, Magenverstimmungen, Halsentzündungen, Husten

GESCHICHTE

Die Latsche gilt als Schutzpflanze, es werden oft Äste an Eingangstüren von Almhütten aufgehängt oder in den Schmuck der Kühe beim Almabtrieb eingebunden.

HERSTELLUNG

Die Herstellung erfolgt auf unterschiedliche Weise.

- **Mazeration in Alkohol:** Die Pflanzen werden über eine unterschiedlich lange Zeit in Alkohol ausgezogen und dann abgefiltert.

- **Durch Destillation:** Die Pflanzen werden in einer Mischung aus Alkohol und Wasser (ca. 55 Volumenprozent) mazeriert und dann destilliert.
- **Durch Destillation mit Aromakorb**: Das Destilliergut wird im Aromakorb verteilt. Beim Destillieren von Neutralalkohol nimmt der Alkoholdampf die Aromastoffe aus dem Korb auf und es entsteht ein Geist. Danach wird das Destillat auf Trinkstärke eingestellt.

HAUPTBESTANDTEIL

Die Latsche gehört zur Familie der Kiefern, wird bis zu 1,5 Meter hoch und man findet sie meist an der oberen Baumgrenze. Da sie sehr zäh ist und sehr weiche Äste hat, macht ihr eine schwere Schneelast nichts aus. Die Latsche ist ein wichtiger Lawinenschutz. In manchen Teilen der Alpen steht sie unter Naturschutz.

VERWENDUNG IN DER VOLKSHEILKUNDE

Verwendet werden vor allem die jungen Triebe, die Nadeln und das Harz. Aus den klein gehäckselten Nadeln und Zweigen stellt man seit dem 19. Jh. in den Alpen das aromatische ätherische Latschenöl her. 400 Kilogramm Latschenkieferzweige sind notwendig, um einen Liter Öl herzustellen. Dieses Öl wird in der Volksheilkunde vor allem äußerlich zur Behandlung von Erkältungskrankheiten und bei rheumatischen Beschwerden, Gelenkschmerzen, Muskelkater und Verspannungen verwendet.

Latschenschnaps bzw. -tinktur trinkt man in der Volksheilkunde zur Anregung der Verdauung, bei Völlegefühl, Magenverstimmungen, Halsentzündungen und Husten.

Bei Atemwegserkrankungen lässt uns das Latschenkieferöl wieder frei durchatmen und erleichtert das Abhusten. Es wird zur Inhalation oder äußerlich als Brustbalsam verwendet, stärkt die Immunabwehr und hilft auch bei Muskelbeschwerden. Latschenkieferöl ist auch sehr gut zur Raumbeduftung geeignet und ein beliebtes Öl für den Saunaaufguss. Es verhilft einem zu innerer Ruhe und schenkt Durchhaltevermögen. Da es auf die Haut stark reizend wirkt, sollte es immer verdünnt verwendet werden.

REZEPT FÜR LATSCHENSCHNAPS

- 2 Handvoll frische junge Latschentriebe und/oder junge Zapfen, klein geschnitten
- 2 Bio-Zitronen, klein geschnitten
- 1 l Alkohol (38 Volumenprozent)

Alles mit dem Alkohol in ein Glas geben und gut verschließen, mindestens eine Woche stehen lassen. Besser länger. Es sollte alles gut mit Alkohol bedeckt sein. Ab und zu schütteln. Abfiltern. Um einen Likör daraus zu machen, Zucker und Wasser nach Geschmack dazugeben. In dunkle Flaschen füllen, etikettieren, einige Wochen reifen lassen und genießen. Dieser Schnaps bzw. Likör hilft bei Halsentzündungen und Husten.

MARISTENLIKÖRE & -SCHNÄPSE

ZWEI, DIE SICH GUT VERTRAGEN, SIND ARQUEBUSE UND DER MAGEN!

Produktbezeichnung / Produktklasse

- Likör
- Geist

Alkoholgehalt

„Arquebuse de l'Hermitage" = „Alpestre"	– Destillat mit 50 Volumenprozent
„Hermite"	– Likör mit 40 Volumenprozent
„Maristiner"	– Likör mit 45 Volumenprozent

Herkunft

ursprünglich Frankreich

ZUTATEN

geheime Klosterrezepte mit je einer Vielzahl von Heilpflanzen (ca. 30 bis 33), darunter unter anderem Kamille, Melisse, Pfefferminze, Angelika, Fenchel, Johanniskraut, Thymian, Kalmus, Basilikum, Rosmarin, Lindenblüten, Salbei, Orangenblüten, Nelken, Süßholzwurzeln und Waldmeister

VERWENDUNG

als Digestif, in Cocktails; zur Desinfektion des Mund- und Rachenraumes, bei Kreislaufstörungen und Erkältungen, dient als Wundwasser und verbessert den Schlaf

GESCHICHTE

Bruder Franziskus Rivat (1808–1881), Krankenpfleger im Mutterhaus der Maristen (in La Valla-en-Gier in der Nähe von Lyon), legte den Grundstein für den „Arquebuse de l'Hermitage". Der kräuterkundige Bruder Emmanuel und Bruder Darius entwickelten 1857 eine grobe Form des „Arquebuse de l'Hermitage". 1857 bis 1862 verfeinerte Bruder Emmanuel Chirat die Zusammensetzung und gab dem Destillat seinen Namen. Es besteht aus 30 geheimen Zutaten, welche bis heute von den Brüdern wie ein Schatz gehütet werden. Der Name leitet sich wahrscheinlich von „aurius", lateinisch für Bogen, im Italienischen „archibuso" oder „archibugio" ab, was so viel wie „hohler Bogen" be-

IST DIR UNWOHL, BIST DU KRANK,
HILFT ARQUEBUSE, DER KRÄUTERTRANK!!

deutet. Es könnte aber auch sein, dass der Name eine Herleitung des alten Namens für Wundwasser „Arkebusade" ist. 1867 legte die Klostergemeinschaft mehrere Kräuterfelder an.

1939 kam der Likör „Hermite" dazu.

1903 wurden die Maristenbrüder aus Frankreich vertrieben und ließen sich in Italien nieder. 1939 begannen sie dort mit der Herstellung zweier Kräuterdestillate, welche unter den Namen „Apestre" und „Fiamma Verde" vertrieben wurden. In Frankreich sind diese unter den alten Namen „Arquebuse de l'Hermitage" und „Hermite" im Vertrieb.

Der „Maristiner", ein Kräuterlikör, kam erst 2017 zum 200-jährigen Jubiläum der Maristenbrüder hinzu. Wahrscheinlich ist er die Neuauflage eines alten Rezeptes und eine Mischung aus „Arquebuse de l'Hermitage" und „Hermite". Der „Maristiner" enthält über 40 Pflanzen, Kräuter und Wurzeln, das Rezept ist natürlich geheim. Seit 2017 befindet sich die einzige Destillieranlage der Maristen in Furth bei Landshut.

HERSTELLUNG

Die Herstellung erfolgt auf unterschiedliche Weise.

- **Mazeration in Alkohol:** Die Pflanzen werden über eine unterschiedlich lange Zeit in Alkohol ausgezogen und dann abgefiltert.
- **Durch Destillation:** Die Pflanzen werden in einer Mischung aus Alkohol und Wasser (ca. 55 Volumenprozent) mazeriert und dann destilliert.
- **Durch Destillation mit Aromakorb:** Das Destilliergut wird im Aromakorb verteilt. Beim Destillieren von Neutralalkohol nimmt der Alkoholdampf die Aromastoffe aus dem Korb auf und es entsteht ein Geist. Danach wird das Destillat auf Trinkstärke eingestellt.

VERWENDUNG IN DER VOLKSHEILKUNDE

Die verschiedenen Schnäpse und Liköre der Maristen werden zur Desinfektion des Mund- und Rachenraumes verwendet. Ein „Arquebuse de l'Hermitage" wirkt bei Erkältung lindernd und bei Kreislaufstörungen belebend. Dazu kann ein „Maristen-Cocktail" vor dem Zubettgehen für einen besseren Schlaf sorgen. Der „Arquebuse de l'Hermitage" wurde auch zur Förderung der Wundheilung verwendet.

REZEPT FÜR „MARISTEN-COCKTAIL"

- 1 Tasse Milch
- 1 TL Honig
- 1–2 Stamperl „Arquebuse de l'Hermitage"

Milch in einem Topf erwärmen. Honig und „Arquebuse de l'Hermitage" unterrühren und am besten abends vor dem Schlafengehen trinken.

MEISTERWURZ-SCHNAPS

Produktbezeichnung / Produktklasse

▪ Destillat ▪ Spirituose ▪ Ansatzschnaps

Alkoholgehalt

unterschiedlich

Herkunft

im ganzen Alpenraum gebräuchlich

ACHTUNG! Das Graben der Meisterwurz ist in manchen Gegenden verboten! Erkundige dich vor dem Sammeln nach den Bestimmungen!

ZUTATEN

Meisterwurz (Peucedanum ostruthium), davon die im Herbst gegrabenen Wurzeln, selten auch die Samen

VERWENDUNG

wirkt allgemein stärkend, abwehrstärkend, antibakteriell, entzündungshemmend, appetitanregend, hilft bei Grippe, Erkältung, Magen-Darm-Beschwerden, Wunden, Bluthochdruck, stärkt die Leber und die Potenz

GESCHICHTE

Frische Meisterwurzwurzeln werden für Tinkturen und zum Brennen von Heilschnaps verwendet. Das Brennen von Meisterwurzschnaps hat in den Alpen eine lange Tradition. Dieser wird vor allem bei Magenleiden und zur allgemeinen Stärkung eingesetzt.

HERSTELLUNG

Die Herstellung erfolgt auf unterschiedliche Weise.

- **Mazeration in Alkohol:** Die Wurzeln werden über eine unterschiedlich lange Zeit in Alkohol ausgezogen und dann abgefiltert.
- **Durch Destillation:** Die Wurzeln werden in einer Mischung aus Alkohol und Wasser (ca. 55 Volumenprozent) mazeriert und dann destilliert. Meisterwurz wird meist in einer Apfelmaische mazeriert.
- **Durch Destillation mit Aromakorb:** Das Destilliergut wird im Aromakorb verteilt. Beim Destillieren von Neutralalkohol nimmt der Alkoholdampf die Aromastoffe aus dem Korb auf und es entsteht ein Geist. Danach wird das Destillat auf Trinkstärke eingestellt.

HAUPTBESTANDTEIL

Die Meisterwurz ist eine wahre Meisterin unter den Heilpflanzen und gehört wohl zu den bekanntesten und wichtigsten alpinen Heilpflanzen. Die ausdauernde, krautige Pflanze wächst in Hochstaudenfluren in einer Höhenlage zwischen 1500 und 2100 Metern. Ihre weißen Doldenblüten sind sehr unscheinbar.

VERWENDUNG IN DER VOLKSHEILKUNDE

Der Schweizer Arzt Paracelsus (1493 od. 1494 bis 1541) kannte die Gebirgspflanze Meisterwurz sehr gut und schätzte sie besonders: „Meisterwurz ist auch der fürnehmsten Kräuter eins so zu vielen Gebrechen dienlich."

Er kannte auch die vor Ansteckungen schützende Wirkung und empfahl sie zum Schutz vor der Pest. Seine Patienten sollten ein Stück kauen, um die Ansteckungsgefahr zu mindern. Er sah in der Meisterwurz ein gutes Mittel für die Leber: „Es hilft bei allen Schäden der Leber, [...] bei Gelbsucht soll es [...] verwendet werden." Durch die innerlich anregende Wirkung der Meisterwurz in Kombination mit einer leberanregenden, entgiftenden Wirkung verwendete Paracelsus die Meisterwurz in Rezepturen, die dazu dienen sollten, „den inneren Alchemisten", also den Stoffwechsel, anzukurbeln. Als besonders geeignet sah er die Meisterwurz auch dafür an, bei Männern die Lebensgeister zu stärken. Ein volkstümlicher Spruch meint dazu: „Die Meisterwurz hilft dem Meister auf die Meisterin." Im Alpenraum wird sie noch immer als „Ginseng des Westens", welcher als allgemeines Stärkungsmittel gilt, betrachtet.

In den Alpen wurde die Meisterwurz zum Schutz vor Verwünschungen und Verfluchungen verwendet. Zur Abwehr einer bösen Hexe warf man ihr ein Stück Meisterwurz vor die Füße und- sie verschwand; oder man trug ein Stück Wurzel als Amulett um den Hals, um sich vor dem Bösen zu schützen. Man gebrauchte die getrockneten Blätter als Tabak, als allgemeines Stärkungsmittel und als Arznei gegen viele Leiden. Die Kaiserwurz, auch Kaiserin der Berge genannt, hat viele Heilkräfte. Durch die in ihr enthaltenen Bitterstoffe, Gerbstoffe und ätherischen Öle wirkt sie antibakteriell, immunmodulierend, entzündungshemmend, stark belebend und stärkend.

Die Wurzeln fördern den Appetit, helfen bei Grippe und Erkältung, Säuremangel sowie Magen- und Darmgeschwüren. Bei verstopfter Nase einfach die getrocknete Wurzel auf eine heiße Herdplatte oder ein Stövchen legen und innerhalb kürzester Zeit löst sich die „Verstopfung" der Nase. Bei Herannahen der Erkältung sollte man hingegen ein Stück Wurzel kauen – das empfahl schon Kräuterpfarrer Künzle. Das soll auch bei Zahnschmerzen guttun. Bei Schiefern helfen aufgelegte Wurzelscheiben als Zugmittel.

Aus den Blättern kann man einen Tee zum Auswaschen von Wunden herstellen oder sie einfach quetschen und auf die Wunde legen. Als Tee stärken sie den Kreislauf und der Blutdruck wird reguliert. Wenn man beim Wandern ermüdet ist, hilft es, ein Meisterwurzblatt zu kauen, und man bekommt neue Energie. Die reifen Samen können einfach gekaut, in Kräutersalz oder in einen Bitterlikör gegeben werden. Sie wirken desinfizierend in Hals und Rachen.

Die Wurzel selbst wird im zeitigen Frühjahr und im späten Herbst geerntet, wenn die Kraft der Pflanze noch oder wieder in den Wurzeln steckt; ihre Heilwirkung ist dann am größten. Die Wurzeln sollten schon mehrere Jahresringe haben und somit schon etwas älter sein. Sie werden sauber gereinigt, gewaschen, in kleine Scheiben geschnitten und an einem luftigen und schattigen Platz für eine spätere Verwendung getrocknet.

REZEPT FÜR MEISTERWURZSCHNAPS (TINKTUR)

- 2 Handvoll Meisterwurzwurzeln, frisch oder getrocknet
- 1 l Alkohol (70 Volumenprozent)

Meisterwurzwurzeln waschen und klein schneiden. Alles mit dem Alkohol in ein Glas geben und gut verschließen, mindestens vier Wochen stehen lassen. Besser länger. Es sollte alles gut mit dem Alkohol bedeckt sein. Ab und zu schütteln. Abfiltern. Mit Wasser auf 40 Volumenprozent Alkoholgehalt verdünnen. In dunkle Flaschen füllen, etikettieren, einige Wochen reifen lassen und genießen.

MELISSENGEIST

Produktbezeichnung / Produktklasse

- Destillat ▪ Spirituose ▪ Ansatzschnaps

Alkoholgehalt

79 Volumenprozent

Herkunft

Deutschland

ZUTATEN

13 Kräuter; Zitronenmelisse (Melissa officinalis) als Hauptbestandteil plus Alantwurzeln, Angelikawurzeln, Enzianwurzeln, Galgant, Kardamom, Ingwer, Muskat, Nelken, Pomeranzenschalen, Schwarzer Pfeffer, Zimtrinde und Zimtblüten

VERWENDUNG

als Universalheilmittel, innerlich bei nervösen Unruhezuständen, Verdauungsbeschwerden, Erkältungen, zur Abwehrsteigerung, Steigerung der Selbstheilungskraft, bei Schlafproblemen, Kopfschmerzen und Wechseljahrbeschwerden. Er wirkt außerdem beruhigend und entspannend. Äußerlich angewandt fördert Melissengeist die Durchblutung, lindert Schmerzen, entkrampft die Muskulatur und hilft bei Herpes.

GESCHICHTE

Ein berühmtes Heilmittel ist der Melissengeist, der von Mönchen des Karmeliterordens zusammengestellt wurde. Ähnlich beliebt ist der Vorgänger des „Klosterfrau Melissengeist" der Nonne Maria Clementine (geb. 1775 in Brüssel, gest. 1843), ein Destillat aus 13 Heilpflanzen. In ihrem kleinen, 1826 gegründeten Destillationsbetrieb „Maria Clementine Martin Klosterfrau" stellte sie diesen „Melissen- oder Carmelitergeist" her, welcher ursprünglich von Karmelitermönchen in Paris stammte. Ihr gelang es, vom preußischen König die Erlaubnis zu bekommen, das preußische Wappen auf ihr Etikett zu drucken. Der Alleinerbe der Rezeptur war der Kaufmann Peter Gustav Schaeben. Heute vertreibt die Firma „Klosterfrau Healthcare Group" den „Klosterfrau Melissengeist".

Dieser „Melissengeist" wird bei vielen Beschwerden wie Erkältung, Unruhe und Verdauungsbeschwerden empfohlen und kann innerlich und äußerlich angewandt werden.

HERSTELLUNG

Die Herstellung erfolgt auf unterschiedliche Weise.

- **Mazeration in Alkohol:** Die Pflanzen werden über eine unterschiedlich lange Zeit in Alkohol ausgezogen und dann abgefiltert.
- **Durch Destillation:** Die Pflanzen werden in einer Mischung aus Alkohol und Wasser (ca. 55 Volumenprozent) mazeriert und dann destilliert. Der original „Klosterfrau Melissengeist" wird destilliert!
- **Durch Destillation mit Aromakorb:** Das Destilliergut wird im Aromakorb verteilt. Beim Destillieren von Neutralalkohol nimmt der Alkoholdampf die Aromastoffe aus dem Korb auf und es entsteht ein Geist. Danach wird das Destillat auf Trinkstärke eingestellt.

HAUPTBESTANDTEIL

Die Melisse ist eine ausdauernde, krautige Pflanze, welche bis zu 80 cm hoch werden kann. Sie stellt keine besonderen Ansprüche an den Standort und blüht von Juni bis August weiß. Die Melisse kam mit den Benediktinermönchen zu uns. Ihr Name kommt vom griechischen Wort „Melitta", was so viel wie „Honigbiene" bedeutet.

VERWENDUNG IN DER VOLKSHEILKUNDE

Der berühmte griechische Arzt Dioskurides (1. Jh.) nannte die Melisse Bienenblatt, weil sie ein beliebtes Kraut der Bienen ist, und empfahl sie, wie der römische Gelehrte Plinius (1. Jh.), gegen Hysterie und grauen Star.

Schon lange wird die Melisse als Mittel gegen Melancholie verwendet. Die Universalgelehrte und Nonne Hildegard von Bingen schrieb: „Die Melisse ist warm. Ein Mensch, der sie isst, lacht gerne ..."

Für den Schweizer Arzt Paracelsus (1493 od. 1494 bis 1541) war die Melisse ein Lebenselixier: „Melisse ist von allen Dingen, die die Erde hervorbringt, das beste Kraut für das Herz; innerlich genossen, macht sie fröhlich und erheitert das Herz. Sie erneuert alle Kräfte des Körpers."

Der volkstümliche Name „Nervenkräutel" gibt uns bereits einen Hinweis auf ihre Wirkung. Die vor der Blüte gesammelten Blätter der Zitronenmelisse helfen bei der Beruhigung des Nervensystems, bei nervöser Unruhe, nervösen Herzbeschwerden, Schlafstörungen, Reizbarkeit und vielen anderen nervlich bedingten Beschwerden. Die Melisse hat eine wohltuende Wirkung auf die Seele. Sie vertreibt trübe Stimmung, fördert die Entspannung und löst Ängste.

Außerdem wirkt sie entkrampfend, beruhigend und antibakteriell. Ersteres hilft bei Kopfschmerzen, Herzbeschwerden, Magen-Darm-Leiden sowie Wechseljahr- und Menstruationsbeschwerden. Ihre antiviralen Eigenschaften machen sie zu einem guten Mittel gegen Herpes. Äußerlich angewandt, dient die Melisse als gutes Mittel gegen Hautunreinheiten. Dazu kann die Haut mit dem Tee abgetupft werden oder man bereitet ein Melissendampfbad zu.

Rezept für Melissengeist

- 2 Handvoll Melissenblätter (frisch oder getrocknet), klein geschnitten
- je 1 EL Alantwurzel, Angelikawurzel, Enzianwurzel, Galgantwurzel, Kardamomsamen, Ingwer, Pomeranzen- oder Zitronenschale (frisch oder getrocknet), klein geschnitten
- je 1/2 TL schwarzer Pfeffer, Zimtrinde, Zimtblüten, Muskatnuss, Nelken
- 1,5 l Alkohol (40 Volumenprozent)

Gewürze anmörsern. Alles mit dem Alkohol in ein Glas geben und gut verschließen, mindestens vier Wochen stehen lassen. Besser länger. Es sollte alles gut mit Alkohol bedeckt sein. Ab und zu schütteln. Abfiltern. In dunkle Flaschen füllen, etikettieren, einige Wochen reifen lassen und genießen. Wenn du eine Destille hast, kannst du den Ansatz auch destillieren, so erhältst du einen klaren Melissengeist.

MOOSBEERLIKÖR & -SCHNAPS

Produktbezeichnung / Produktklasse

- Spirituose ▪ Likör ▪ Geist ▪ Destillat

Alkoholgehalt

unterschiedlich

Herkunft

im ganzen Alpenraum gebräuchlich

ZUTATEN

Moosbeere (Vaccinium myrtillus), davon die reifen Beeren

VERWENDUNG

in Cocktails; bei Magen-, Verdauungs- und Atemwegsbeschwerden, hohem Blutzucker, zur Blutverdünnung, als Gefäßschutz, bei entzündlichen Hauterkrankungen, zur Stärkung des Gedächtnisses

GESCHICHTE

In der Heidelbeerzeit rief früher mein Großvater die ganze Familie zusammen. Mit Kübel und Heidelbeerkamm bewaffnet, gingen wir dann zu „unserem" Platz. Den ganzen Tag saßen wir in den Heidelbeerbüschen und sammelten Heidelbeeren. Meine Großmutter stellte dann Likör und Marmelade für die ganze Familie daraus her.

HERSTELLUNG

Die Herstellung erfolgt auf unterschiedliche Weise.

- **Mazeration in Alkohol:** Die Beeren werden über eine unterschiedlich lange Zeit in Alkohol ausgezogen und dann abgefiltert.
- **Durch Destillation:** Die Beeren werden in einer Mischung aus Alkohol und Wasser (ca. 55 Volumenprozent) mazeriert und dann destilliert.
- **Durch Destillation mit Aromakorb:** Das Destilliergut wird im Aromakorb verteilt. Beim Destillieren von Neutralalkohol nimmt der Alkoholdampf die Aromastoffe aus dem Korb auf und es entsteht ein Geist. Danach wird das Destillat auf Trinkstärke eingestellt.

Moosbeerdestillat ist sehr selten erhältlich. Gebräuchlicher ist es, Moosbeerlikör oder Ansatzschnaps mit Moosbeeren herzustellen.

HAUPTBESTANDTEIL

Die Moosbeere ist ein Zwergstrauch, der gerne im Halbschatten auf humusreichen, nährstoff- und basenarmen Böden bis in hohe Lagen wächst.

VERWENDUNG IN DER VOLKSHEILKUNDE

Die Heidelbeere taucht das erste Mal im Mittelalter in den Arzneibüchern auf. Bei den antiken Ärzten war sie nicht bekannt, da sie im Mittelmeerraum nicht vorkommt. Im Mittelalter wurde sie bei Magen- und Atemwegsbeschwerden eingesetzt. Die Universalgelehrte Hildegard von Bingen mochte sie nicht und schrieb: „... die Frucht schadet mehr, als sie nützt ..."

Vor allem bei Durchfall werden die getrockneten Beeren gegessen oder als Tee aufgegossen. Das empfahl schon Susanna von Tobar in ihrem Hausarzneibuch von 1565 und wurde auch im Arzneibuch der Alt-Taentzlin (vor 1550, Schwaz) beschrieben. Die Blätter der Heidelbeere werden bei Kindern und Erwachsenen ebenfalls gegen Durchfall verwendet. Die frischen Beeren hingegen regen die Verdauung bei Verstopfung an und regenerieren den Darm. Weitere Anwendungen sind Erkältungen und Lungenentzündungen. Hier wird Moosbeersaft oder -wein empfohlen.

Die Wirkung der Heidelbeeren und der Heidelbeerblätter auf den Magen-Darm-Trakt ist wohl auf die enthaltenen Gerbstoffe zurückzuführen. Diese erklären auch die positiven Effekte von Heidelbeertee oder der Tinktur bei entzündlichen Hauterkrankungen.

Die Moosbeerblätter sollen auch bei zu hohem Blutzucker helfen. Die Flavonoide, wie Anthocyanidine, in den Beeren wirken sich positiv auf den Blutzuckerspiegel aus, sind leicht blutverdünnend und schützen die Gefäße; sie können auch bei Durchblutungsstörungen der Augen helfen. Diese durchblutungsfördernde Wirkung kann auch die Gedächtnisleistung fördern.

Die Anthocyanidine sind für die rote, violette oder blaue Färbung zuständig, wirken antioxidativ und machen so die Heidelbeeren zu einem heimischen Superfood. Da sie sehr gut schmecken, sind sie auch in der Küche beliebt. Moosbeermandl, -kuchen, -marmelade oder Moosbeernocken sind nur einige der möglichen Zubereitungsarten.

In den Alpen findet man auch die Rauschbeere (Vaccinium uliginosum). Diese sieht der Moosbeere zum Verwechseln ähnlich und hat auch ähnliche Inhaltsstoffe. Sie wird traditionell wie die Heidelbeere eingesetzt. Allerdings können nach dem Verzehr großer Mengen der Früchte Vergiftungserscheinungen auftreten, wenn die Beeren von einem Pilz, dem Rauschbeeren-Fruchtbecherling, befallen sind. Unterscheiden kann man sie an der Farbe des Fruchtfleisches. Bei der Moosbeere ist das Fruchtfleisch blau bis violett, bei der Rauschbeere ist es hingegen eher weiß. Die Blätter der Rauschbeere sind eher rund.

Rezept für Moosbeerlikör

- 2 Handvoll frische Moosbeeren, am besten wild gesammelte
- 1 Vanilleschote
- 1 Bio-Orange, klein geschnitten
- 1 l Alkohol (38 Volumenprozent)
- 1 Zimtstange
- 3 Nelken
- ca. 1 l Zuckersirup (1:1 Wasser und Zucker)

Die Heidelbeeren mit der ausgekratzten Vanilleschote und der Orange in ein Glas geben und mit Alkohol bedecken. Glas verschließen und alles mindestens vier Wochen darin ausziehen lassen. Wer mag, kann die letzten paar Tage noch eine Zimtstange und Nelken hinzufügen. Ab und zu schütteln. Abfiltern. Nach Geschmack mit Zuckersirup verdünnen, bis es schmeckt. In dunkle Flaschen füllen, etikettieren, einige Wochen reifen lassen und genießen.

NUSSELER

Produktbezeichnung / Produktklasse

- Ansatzschnaps ▪ Likör

Alkoholgehalt

unterschiedlich

Herkunft

im ganzen Alpenraum gebräuchlich

ACHTUNG! Bei der Verarbeitung der Nüsse am besten Handschuhe verwenden, da sie stark abfärben.

ZUTATEN

Walnuss (Juglans regia), davon die grünen Nüsse

VERWENDUNG

als Digestif; bei Verdauungsbeschwerden, zur Förderung der Denkleistung, zur Vermeidung von Prostata- und Brustkrebs, zur Reinigung der Blutgefäße, bei Herzrhythmusstörungen

GESCHICHTE

Der Walnussbaum soll ein Treffpunkt für Zauberer und Hexen sein. Die Nüsse stehen als Symbol für die Fruchtbarkeit. Eine reiche Nussernte deutet auf die Geburt vieler Buben im kommenden Jahr hin.

HERSTELLUNG

Mazeration in Alkohol: Die Nüsse werden über eine unterschiedlich lange Zeit in Alkohol ausgezogen und dann abgefiltert.

HAUPTBESTANDTEIL

Es dauert ca. 10 bis 20 Jahre, bis ein Walnussbaum anfängt, Früchte zu tragen. Allerdings können dann in einem guten Jahr bis zu 150 kg Nüsse pro Baum geerntet werden. Die Nüsse sind reif, wenn die grüne Schale aufplatzt und sie zu Boden fallen.

VERWENDUNG IN DER VOLKSHEILKUNDE

Schon Hildegard von Bingen schrieb über den Nussbaum: „Der Nussbaum ist warm und enthält Bitterkeit und bevor er Früchte hervorbringt, ist in Stamm und Blättern Bitterkeit und Wärme, und diese Bitterkeit gibt Wärme ab und bringt Nüsse hervor. Und wenn der Kern zu wachsen beginnt, lässt die Bitterkeit nach und Süße entsteht. Aber wenn die Süße im Kern gewachsen ist, hat diese Süße eine Triebkraft, und so vermischen sich Süße und Triebkraft und bringen den Kern hervor."

Der Walnussbaum bzw. seine Früchte sind vielseitig anwendbar und werden sowohl als Heilmittel als auch in der Küche genutzt. In der Volksheilkunde sammelt man traditionellerweise die grünen Nüsse, die „Johanni-Nussen", um den Johannistag (24. Juni) herum. Wichtig ist, dass die Nüsse noch weich sind und sich leicht schneiden lassen, denn aus diesen Nüssen setzt man den „Nusseler" an. Dieser kann als Schnaps oder Likör zubereitet werden und wird bei Verdauungsproblemen eingesetzt.

Auch die Blätter der Walnuss finden Verwendung, vor allem in der Form von Tee. So wirken sie, innerlich und äußerlich angewandt, immunstärkend, blutreinigend sowie gegen Rheuma und bei Ekzemen.

Außerdem kann der Absud der Blätter verwendet werden, um die Haarwurzeln zu stärken. Das ist auf die enthaltenen Gerbstoffe zurückzuführen.

Die reife Nuss erinnert an ein Gehirn und wird auch eingesetzt, um das Gehirn zu stärken und die Denkleistung zu fördern. Man sagt auch, dass man, um Prostata- und Brustkrebs zu vermeiden, täglich 5 Walnüsse essen soll. Die reifen Nüsse sollen auch die Elastizität der Blutgefäße erhalten, das liegt wohl an den wertvollen enthaltenen Ölen. Sie sind außerdem sehr beliebt als Snack und in der Küche, zum Beispiel beim Backen. Die Nusskämben, welche man zwischen den zwei Nusshälften findet, sollen bei Herzrhythmusstörungen helfen.

NUSSBAUM! ICH KOMM ZU DIR,
NIMM DIE 77ERLEI FIEBER VON MIR,
ICH WILL DABEI BLEIBEN.

Graber, 1985

REZEPT FÜR NUSSELER

- 2 Handvoll grüne Walnüsse, klein geschnitten
- 1 Bio-Zitrone, klein geschnitten
- 1 l Alkohol (38 Volumenprozent)
- 1 Zimtstange
- 3 Nelken
- ca. 1 l Zuckersirup (1:1 Wasser und Zucker)
- optional statt normalem Zucker: Magenzucker (dieser ist rot und enthält Gewürze wie Zimt und Nelken)

Grüne Nüsse und Zitronenstücke in ein Glas geben. Mit Alkohol übergießen, bis sie bedeckt sind, gut verschließen. Mindestens vier Wochen ziehen lassen. Nach drei Wochen kann man, je nach Geschmack, noch Nelken und Zimt dazugeben. Ab und zu schütteln. Abfiltern. Nach Belieben mit Zucker und Wasser verdünnen, bis es schmeckt. In dunkle Flaschen füllen, etikettieren, einige Wochen reifen lassen und genießen. Bis zu 3 x täglich 1 Stamperl trinken, um die Verdauung anzuregen.

PREISELBEERLIKÖR & -SCHNAPS

Produktbezeichnung / Produktklasse

- Ansatzschnaps ▪ Spirituose ▪ Likör ▪ Geist

Alkoholgehalt

unterschiedlich

Herkunft

im ganzen Alpenraum gebräuchlich

ZUTATEN

Preiselbeere (Vaccinium vitis-idaea), davon die reifen Beeren

VERWENDUNG

in Cocktails; bei ausbleibender Menstruation, Harnwegsinfekten, Nierensteinen, Blasenentzündung, Rheuma oder Gelenksentzündung

HERSTELLUNG

Die Herstellung erfolgt auf unterschiedliche Weise.

- **Mazeration in Alkohol:** Die Beeren werden über eine unterschiedlich lange Zeit in Alkohol ausgezogen und dann abgefiltert.
- **Durch Destillation mit Aromakorb:** Das Destilliergut wird im Aromakorb verteilt. Beim Destillieren von Neutralalkohol nimmt der Alkoholdampf die Aromastoffe aus dem Korb auf und es entsteht ein Geist. Danach wird das Destillat auf Trinkstärke eingestellt.

HAUPTBESTANDTEIL

Die Preiselbeere gehört zur Gattung der Heidelbeeren. Das Heidekrautgewächs ist mehrjährig und wächst vorwiegend auf saurem Boden im Halbschatten. Die kleinen weißen Blüten werden zu feinen roten Beeren, welche ab Ende August reif sind.

VERWENDUNG IN DER VOLKSHEILKUNDE

Die Preiselbeere wird seit prähistorischen Zeiten wild gesammelt. Schon Hildegard von Bingen empfahl Preiselbeerelixier gegen zu schwache oder ausbleibende Menstruation bei reiferen Frauen.

Preiselbeersaft wird gerne bei Harnwegsinfekten und Nierensteinen getrunken und kommt auch bei Grippe und Husten zum Einsatz. Die Preiselbeerblätter werden ebenfalls bei Harnwegsinfekten angewandt, aber auch als Mittel gegen Blasen- und Nierenbeckenentzündung. Das in den Beeren enthaltene Arbutin verhindert, dass sich Bakterien in den Harnwegen und der Blase einnisten. Den sogenannten „Grantensaft" kann man auch vorbeugend einnehmen. Bei Rheuma und Entzündungen der Gelenke kann Preiselbeersaft Linderung verschaffen.

Die Preiselbeermarmelade ist auch eine beliebte Art der Konservierung; diese wird gerne zu Wildgerichten und Schnitzel gegessen. Die Beeren enthalten viele Vitamine und Mineralstoffe.

REZEPT FÜR PREISELBEERLIKÖR

- 2 Handvoll frische Preiselbeeren, am besten wild gesammelt
- 1 Bio-Orange, davon die Schale
- 1 Vanilleschote
- 1 l Alkohol (38 Volumenprozent)
- 1 Zimtstange
- 3 Nelken
- ca. 1 l Zuckersirup (1:1 Wasser und Zucker)

Preiselbeeren mit der ausgekratzten Vanilleschote und der Orangenschale in ein Glas geben und mit Alkohol bedecken. Glas verschließen und alles mindestens vier Wochen darin ausziehen lassen. Wer mag, kann die letzten paar Tage noch eine Zimtstange und Nelken hinzufügen. Ab und zu schütteln. Abfiltern. Nach Belieben mit Zuckersirup verdünnen, bis es schmeckt.
In dunkle Flaschen füllen, etikettieren, einige Wochen reifen lassen und genießen.

PROPOLIS-TROPFEN

Produktbezeichnung / Produktklasse

- Ansatzschnaps

Alkoholgehalt

unterschiedlich

Herkunft

im ganzen Alpenraum gebräuchlich

ACHTUNG! Allergiker sollten vorher testen, ob sie Propolis vertragen.

ZUTATEN

Propolis, bestehend aus den harzigen Anteilen von Knospen verschiedener Bäume, wie Birken, Buchen, Erlen, Fichten, Pappeln, Rosskastanien und Ulmen

VERWENDUNG

zur Abwehrstärkung, bei Entzündungen, Herpes, Fisteln, Zahnfleischentzündungen, Rachenentzündungen, Halsschmerzen, Schnupfen, Husten, Wunden, Herzkrankheiten, Diabetes, Neurodermitis, rheumatischen Beschwerden; es wirkt antibiotisch, antiviral, antibakteriell, antioxidativ und stoffwechselanregend.

HERSTELLUNG

Mazeration in Alkohol: Das Propolis (Kittharz) wird über eine unterschiedlich lange Zeit in hochprozentigem Alkohol ausgezogen und dann abgefiltert.

ALLE WIESEN UND MATTEN,
ALLE BERGE UND HÜGEL SIND APOTHEKEN.
PARACELSUS

HAUPTBESTANDTEIL

Propolis ist eine harzige Substanz, welche die Bienen herstellen, um in ihrem Stock alle Ritzen abzudichten, deshalb wird es auch Kittharz genannt. Es besteht aus über 300 verschiedenen Stoffen, vor allem verschiedenen Knospenharzen (hauptsächlich Pappelharz) und Blütenpollen und ist braun bis schwarz. Die genaue Zusammensetzung verändert sich je nach Region und Jahreszeit. Propolis enthält neben Harz (ca. 30 %) und ätherischem Öl (ca. 10 %) auch Vitamine, Mineralstoffe und Flavonoide.

VERWENDUNG IN DER VOLKSHEILKUNDE

Schon im alten Ägypten wusste man die desinfizierende Wirkung von Propolis zu schätzen und verwendete es bei Wunden und zur Einbalsamierung der Toten.
In der alpinen Volksheilkunde wird aus Propolis hauptsächlich eine Tinktur in hochprozentigem Alkohol hergestellt. Diese wird zur Abwehrstärkung eingenommen, aber auch bei Entzündungen verwendet. Bei Fieberblasen kann diese Tinktur einfach aufgetupft werden. Auch bei Zahnfleischentzündungen wirkt sie gut. Propolis macht sich wunderbar in einer Wundheilsalbe. Man sagt, dass Propolis antibiotisch, antiviral und antibakteriell wirkt.

Die Propolistropfen können direkt auf die betroffenen Stellen aufgetragen werden oder man gibt sie in Wasser und gurgelt oder spült damit. Zum Einnehmen kann man die Tinktur gut auf einen Zuckerwürfel geben.

REZEPT FÜR PROPOLISTROPFEN

- 12 g Kittharz (Propolis)
- 100 ml Alkohol (70 bis 80 Volumenprozent)

Das Propolis so fein wie möglich zerkleinern. Das geht am besten, wenn man es in gefrorenem Zustand mörsert. Dann in ein Glas geben und mit dem Alkohol bedecken. Glas verschließen und mindestens vier Wochen darin ausziehen lassen. Ab und zu schütteln. Abfiltern. In dunkle Flaschen füllen, etikettieren, einige Wochen reifen lassen und verwenden.

QUITTENLIKÖR & -SCHNAPS

Produktbezeichnung / Produktklasse

- Ansatzschnaps
- Spirituose
- Likör
- Geist
- Destillat

Alkoholgehalt

unterschiedlich

Herkunft

im ganzen Alpenraum gebräuchlich

ACHTUNG! Bei der Verarbeitung Quittenkerne ganz lassen, sonst tritt die enthaltene Blausäure aus, die den Geschmack zerstört und nicht zum Verzehr geeignet ist.

ZUTATEN

Quitte (Cydonia oblonga; Synonym: Cydonia vulgaris), davon die reifen Früchte

VERWENDUNG

Innerlich angewandt, hilft die Quitte bei Husten, Gicht, Hautausschlägen, Ekzemen, Entzündungen im Mund- und Rachenraum und Darmerkrankungen; sie wirkt außerdem mild abführend und stärkt das Immunsystem.

Äußerlich aufgetragen, kann sie die Heilung bei rissiger Haut, spröden Lippen, wunden Brustwarzen, Verbrennungen und Hämorrhoiden unterstützen.

HERSTELLUNG

Die Herstellung erfolgt auf unterschiedliche Weise.

- **Mazeration in Alkohol:** Die Früchte werden über eine unterschiedlich lange Zeit in Alkohol ausgezogen und dann abgefiltert.

- **Durch Destillation:** Die Früchte werden in einer Mischung aus Alkohol und Wasser (ca. 55 Volumenprozent) mazeriert und dann destilliert.
- **Durch Destillation mit Aromakorb:** Das Destilliergut wird im Aromakorb verteilt. Beim Destillieren von Neutralalkohol nimmt der Alkoholdampf die Aromastoffe aus dem Korb auf und es entsteht ein Geist. Danach wird das Destillat auf Trinkstärke eingestellt.

Wenn Quittenfrüchte vor dem Einmaischen 1 Woche eingefroren werden, wird das Fruchtfleisch weich. So kann man sie leicht schneiden und die Kerne entfernen. Diese enthalten Blausäure und sollten deshalb nur ganz in das Mazerat, sonst würden sie den Brand bzw. das Mazerat verderben.

HAUPTBESTANDTEIL

Die Quitte ist ein Kernobstgewächs und gehört zur Familie der Rosengewächse. Es gibt an die 700 Quittensorten. Sie stammt ursprünglich aus dem östlichen Kaukasus und dem Transkaukasus. Zum ersten Mal kultiviert wurde sie vor ca. 4000 Jahren. In Mitteleuropa wird sie erst seit dem 9. Jh. angebaut. Sie mag Wärme, Sonne und eher trockene Böden ohne Staunässe. Die flaumig behaarten Früchte der meisten Quittenarten können roh nicht verzehrt werden und müssen zuerst verarbeitet werden. Sie sind im September/Oktober reif.

Die Blüten erscheinen von Mai bis Juni, sind relativ groß, duften intensiv und bestehen aus 5 Blütenblättern. Auch die reifen apfel- bzw. birnenähnlichen Früchte riechen intensiv und beduften einen Raum natürlich.

VERWENDUNG IN DER VOLKSHEILKUNDE

Die Quitte ist ein Symbol für Liebe, Fruchtbarkeit, Glück, Klugheit, Schönheit, Beständigkeit und Unvergänglichkeit. Der griechische Arzt Hippokrates (5./4. Jahrhundert v. Chr.) heilte mit ihr Magen-Darm-Probleme und Fieber.

Die Universalgelehrte Hildegard von Bingen empfahl den Genuss von Quitten für Kranke und Gesunde. Laut Hildegard soll sie bei Gicht, Hautausschlägen, Ekzemen, Geschwüren und Arteriosklerose helfen. „Denn wer Gicht hat, esse oft diese Frucht gekocht und gebraten ..."

Im 18. Jh. glaubte man, dass es Kinder klug macht, wenn diese Quitten essen.

In der Volksheilkunde werden hauptsächlich die Kerne verwendet, welche sehr viele Schleimstoffe (ca. 20 %) enthalten. Dies macht man sich bei Hustenreiz zunutze oder pflegt damit rissige Haut und Lippen. Der Saft der Früchte enthält neben Schleimstoffen auch noch Gerbstoffe, das hilft bei Entzündungen im Mund- und Rachenraum sowie bei Darmerkrankungen. Zudem enthalten Quitten viel Vitamin C und Mineralstoffe.

Aus den Früchten kann man auch feine Gelees, Marmelade oder Quittenkäse herstellen.

REZEPT FÜR QUITTENLIKÖR

- 800 g Quitten
- 1 Bio-Zitrone, davon der Saft
- 2 l Alkohol (38 Volumenprozent)
- 200 g Zucker
- 1 Vanilleschote
- 1 Zimtstange

Quitten waschen und den Flaum entfernen, die Früchte vierteln und das Kerngehäuse entfernen. In kleine Stücke schneiden. Quitten und Zitronensaft in einen Topf geben, mit zwei Litern Wasser auffüllen und ca. 45 Minuten lang auf kleiner Flamme kochen. Abseihen und die Quitten ausdrücken. 1,2 Liter Quittensaft mit dem Alkohol und den restlichen Zutaten in ein Glas geben. Glas verschließen und mindestens vier Wochen darin ausziehen lassen. Wer mag, kann die letzten paar Tage noch eine Zimtstange und Nelken hinzufügen. Ab und zu schütteln. Abfiltern. Evtl. mit Wasser verdünnen, bis es schmeckt. In dunkle Flaschen füllen, etikettieren, einige Wochen reifen lassen und genießen.

SCHAFGARBENLIKÖR & -SCHNAPS

Produktbezeichnung / Produktklasse

- Ansatzschnaps
- Spirituose
- Likör
- Geist

Alkoholgehalt

unterschiedlich

Herkunft

im ganzen Alpenraum gebräuchlich

ZUTATEN

Schafgarbe (Achillea millefolium), davon das blühende Kraut

VERWENDUNG

hilft bei Wunden, Koliken, Blähungen, Magenproblemen, Durchfall, Bauchschmerzen, Blasenschwäche, Menstruationsstörungen, Krampfadern, Schuppenflechte und Stress; wirkt blutreinigend

HERSTELLUNG

Die Herstellung erfolgt auf unterschiedliche Weise.

- **Mazeration in Alkohol:** Die Pflanzen werden über eine unterschiedlich lange Zeit in Alkohol ausgezogen und dann abgefiltert.
- **Durch Destillation:** Die Pflanzen werden in einer Mischung aus Alkohol und Wasser (ca. 55 Volumenprozent) mazeriert und dann destilliert.
- **Durch Destillation mit Aromakorb:** Das Destilliergut wird im Aromakorb verteilt. Beim Destillieren von Neutralalkohol nimmt der Alkohol-

dampf die Aromastoffe aus dem Korb auf und es entsteht ein Geist. Danach wird das Destillat auf Trinkstärke eingestellt.

HAUPTBESTANDTEIL

Besonderes Merkmal der Schafgarbe sind die gefiederten Blätter und zahlreichen Blütenköpfchen in Scheindoldenrispen von weiß bis zartrosa, die eigentlich aus vielen einzelnen Körbchen bestehen.

Unter anderem enthält die Schafgarbe ätherisches Öl, Azulen, Chamazulen, Eukalyptol, Gerbstoffe, Flavone, Bitterstoffe, antibiotische Substanzen, Mineralstoffe und Cumarin.

VERWENDUNG IN DER VOLKSHEILKUNDE

Die Schafgarbe zählt zu den ältesten Arzneipflanzen. Ausgrabungen im Irak belegen, dass bereits die Neandertaler vor 60.000 Jahren diese Heilpflanze verwendet haben. In der Antike und auch im Mittelalter wurde die Schafgarbe vor allem als Wundmittel gebraucht. Davon leitet sich auch die lateinische Bezeichnung „Achillea millefolium" (tausendblättriges Wundkraut des Achill) ab. Eine Sage berichtet von der Entstehung des Heilkrautes: Während des Trojanischen Krieges fielen vom Speer des Achilles Rostspäne auf das Schlachtfeld. Daraus wuchs das Kraut, mit dem Achilles die Wunden des Königs Telephos heilte. Der griechische Arzt Galen charakterisierte das „millefolium" als trocknend und wundheilend.

Auch die Kelten schätzten die magischen Eigenschaften der Schafgarbe und sahen sie beim Weissagen als hilfreich an. Druiden nutzten die Stängel für Wettervorhersagen. Schafgarbenbüschel wurden über die Wiege von Säuglingen gehängt, um sie vor bösen Geistern zu schützen. Hatten Kinder Albträume, legte man ihnen Schafgarbensäckchen auf die Augen. Junge Mädchen füllten ihr Kopfkissen mit Schafgarbenblüten und hofften so, im Traum ihren Zukünftigen sehen zu können. Schafgarbe gehörte in jeden Brautstrauß, um für die ersten sieben Jahre das Eheglück zu sichern.

Die Universalgelehrte Hildegard von Bingen empfahl die Schafgarbe zur Wundheilung und bei Dreitagesfieber. Die Schafgarbe sollte laut Hildegard mit Gewöhnlichem Tüpfelfarn in Wein gekocht werden und das Abgeseihte sollte man dem Kranken eingeben. „Die Schafgarbe ist etwas warm und trocken, und sie hat gesonderte und feine Kräfte für Wunden."

Eine Elsässer Handschrift aus dem 15. Jh. fügte zu den bekannten Anwendungen der Schafgarbe zwei neue gegen Würmer und Blutungen hinzu: „Garwel wasser ist gut getruncken fur die wurme vnd ist gut getruncken dem der sine varwe verloren het von blutende."

Es werden die Blüten und das ganze Kraut bzw. im Frühling die ganz jungen Blätter verwendet. Haupterntezeit ist der Hochsommer. Die Schafgarbe ist Bestandteil des Kräuterbüschels und schützt somit vor allem Bösen. Sie ist das Frauenkraut schlechthin.

Schafgarbentee kann bei Durchfall, Magenproblemen, Bauchschmerzen und Blasenschwäche helfen. Er wirkt regulierend bei Menstruationsstörungen, ist blutreinigend und kommt bei Krampfadern zum Einsatz. Schafgarbensalbe gehört zu den besten Heilsalben. Die Blüten eignen sich zur Pflege der Gesichtshaut in Cremen oder in Form von Dampfbädern. Diese helfen gut bei Akne, evtl. gemeinsam mit Kamille, aber auch bei Nebenhöhlenentzündungen. Als Gesichtswasser macht die Schafgarbe schöne Haut. Bei Schuppenflechte kann ein Bad mit ihr helfen.

Rezept für Schafgarbenschnaps (Tinktur)

- 2 Handvoll frisches Schafgarbenkraut, klein geschnitten
- 1 l Alkohol (38 Volumenprozent)

Schafgarbe klein schneiden, mit dem Alkohol in ein Glas geben und gut verschließen, mindestens vier Wochen stehen lassen. Besser länger. Es sollte alles gut mit Alkohol bedeckt sein. Ab und zu schütteln. Abfiltern. In dunkle Flaschen füllen, etikettieren, einige Wochen reifen lassen und genießen.

SCHLEHENLIKÖR & -SCHNAPS

Produktbezeichnung / Produktklasse

- Ansatzschnaps
- Spirituose
- Likör
- Geist
- Destillat

Alkoholgehalt

unterschiedlich

Herkunft

im ganzen Alpenraum gebräuchlich

ACHTUNG! Blätter und Samen sind nicht zum Verzehr geeignet. Sie enthalten Amygdalin!

ZUTATEN

Schlehdorn (Prunus spinosa), davon die vollreifen Beeren

VERWENDUNG

wirkt entzündungshemmend, schleimlösend, belebend, antioxidativ und herzstärkend;
hilft bei Erkältungen, Fieber, Harnwegsinfektionen, Verdauungsstörungen und unterstützt die Blutreinigung

HERSTELLUNG

Die Herstellung erfolgt auf unterschiedliche Weise.

- **Mazeration in Alkohol:** Die Beeren werden über eine unterschiedlich lange Zeit in Alkohol ausgezogen und dann abgefiltert.
- **Durch Destillation:** Die Beeren werden in einer Mischung aus Alkohol und Wasser (ca. 55 Volumenprozent) mazeriert und dann destilliert.
- **Durch Destillation mit Aromakorb:** Das Destilliergut wird im Aromakorb verteilt. Beim Destillieren von Neutralalkohol nimmt der Alkoholdampf

die Aromastoffe aus dem Korb auf und es entsteht ein Geist. Danach wird das Destillat auf Trinkstärke eingestellt.

Um einen Liter Schlehendestillat zu erhalten, benötigt man zwischen 50 und 100 kg Schlehen. Sie sollten den ersten Frost schon hinter sich haben, dann wird der Geschmack besonders gut.

HAUPTBESTANDTEIL

Der Schlehdorn ist in Europa, Vorderasien und Nordafrika zu finden, relativ anspruchslos, mag aber gern sonnige Standorte mit kalkhaltigem Boden. Das Rosengewächs ist ein dorniger Strauch, der bis zu drei Meter hoch werden kann. Die Dornen sind ca. zwei Zentimeter lang. Die weißen Blüten des sommergrünen Schlehdorns erscheinen März und April vor dem Blattaustrieb. Die blauschwarzen Steinfrüchte sind 6 bis 18 Millimeter groß, zwischen Oktober und November reif und haben einen dicken Kern in der Mitte. Die Früchte enthalten sehr viele Gerbstoffe und sind erst nach dem Frost genießbar. Die Schlehe ist ein wichtiger Wildstrauch und bei Vögeln und Insekten beliebt.

VERWENDUNG IN DER VOLKSHEILKUNDE

Schlehen wurden häufig bei Häusern gepflanzt, um diese vor Feuer und Gewitter zu schützen. Bereits Dioscurides (griechischer Arzt im Römischen Reich, 1. Jh.) und Plinius (römischer Gelehrter, 1. Jh.) empfahlen die Schlehe als Kräftigungsmittel. Im Mittelalter galt sie als gutes Mittel gegen Gicht und Fieber.

Schlehenfrüchte werden in der Volksheilkunde bei leichten Entzündungen im Mund- und Rachenraum eingesetzt.

Der Pfarrer Sebastian Kneipp verwendete die Blüten als mildes Abführmittel. Die Blüten der Schlehe sollen auch bei Verdauungsbeschwerden, Erkältungskrankheiten, Blasen- und Nierenleiden sowie bei der Blutreinigung helfen.

REZEPT FÜR SCHLEHENLIKÖR

- 2 Handvoll frische, vollreife Schlehen
- 1 l Alkohol (38 Volumenprozent)
- 1 Vanilleschote
- 1 Zimtstange
- ca. 1 l Zuckersirup (1:1 Wasser und Zucker)

Die Schlehen mit der ausgekratzten Vanilleschote in ein Glas geben und mit Alkohol bedecken. Glas verschließen und mindestens vier Wochen darin ausziehen lassen. Wer mag, kann die letzten paar Tage noch eine Zimtstange hinzufügen. Ab und zu schütteln. Abfiltern. Nach Belieben mit Zuckersirup verdünnen, bis es schmeckt. In dunkle Flaschen füllen, etikettieren, einige Wochen reifen lassen und genießen.

TANNENLIKÖR & -SCHNAPS

DIE FICHTE STICHT, DIE TANNE NICHT.

Produktbezeichnung / Produktklasse

- Ansatzschnaps ▪ Spirituose
- Likör ▪ Geist

Alkoholgehalt

unterschiedlich

Herkunft

im ganzen Alpenraum gebräuchlich

ZUTATEN

Tanne (Abies), davon die frischen hellgrünen Triebe

VERWENDUNG

als Digestif, in Cocktails; hilft bei Erkältung und Halsschmerzen, stärkt das Immunsystem, wirkt antibakteriell, erwärmend, entzündungshemmend und schleimlösend

GESCHICHTE

Tannenwipfelschnaps herzustellen, ist eine alte Bauerntradition in den Alpen.

HERSTELLUNG

Die Herstellung erfolgt auf unterschiedliche Weise.

- **Mazeration in Alkohol:** Die Pflanzen werden über eine unterschiedlich lange Zeit in Alkohol ausgezogen und dann abgefiltert.
- **Durch Destillation:** Die Pflanzen werden in einer Mischung aus Alkohol und Wasser (ca. 55 Volumenprozent) mazeriert und dann destilliert.
- **Durch Destillation mit Aromakorb:** Das Destilliergut wird im Aromakorb verteilt. Beim Destillieren von Neutralalkohol nimmt der Alkoholdampf die Aromastoffe aus dem Korb auf und es ent-

steht ein Geist. Danach wird das Destillat auf Trinkstärke eingestellt

HAUPTBESTANDTEIL

Tannen sind immergrüne, tief wurzelnde Bäume, die bis zu 70 Meter hoch werden können. Es gibt ca. 40 verschiedene Arten. Ihre Nadeln sitzen direkt auf den Ästen, dadurch unterscheiden sie sich von anderen Nadelbäumen wie z. B. Fichten.

Die Tanne ist einhäusig getrenntgeschlechtig, das heißt, es gibt weibliche und männliche Zapfen auf einem Baum. Auf der Unterseite der Nadeln sind zwei weiße bis silberfarbene Wachsstreifen zu sehen

VERWENDUNG IN DER VOLKSHEILKUNDE

Seit jeher ist die Tanne ein Schutz- bzw. Lebensbaum für die Menschen. Bei den Germanen war sie das Symbol für Fruchtbarkeit, Lebenskraft, Stärke und Wachstum. Hildegard von Bingen empfahl die Tanne, um sich vor bösen Geistern zu schützen. Außerdem glaubte man, wegen ihrer stechenden Nadeln, dass Tannenzweige Hexen und Unheil abwehren können. Deshalb wurden sie zum Schutz vor Bösem, Hexen und Unwettern über der Tür angebracht.

In der alpinen Volksheilkunde wird die Tanne in Form von Tannenwipfelsirup bei Erkältungen, Husten, Verschleimung und Rheuma angewandt. Bei Husten und Halsschmerzen kann auch ein Tee aus den Nadeln aufgegossen werden. Eine Salbe mit Tannenharz erweist sich bei Rheumaschmerzen und schmerzenden Gelenken als hilfreich.

REZEPT FÜR TANNENWIPFELSCHNAPS

- 2 Handvoll frisch gesammelte Tannenspitzen
- 1 Bio-Zitrone, davon die Schale
- 1 l Alkohol (38 Volumenprozent)
- evtl. etwas Honig

Tannenspitzen mit den Zitronenschalen in ein Glas geben und mit Alkohol bedecken. Glas verschließen und mindestens vier Wochen darin ausziehen lassen. Ab und zu schütteln. Abfiltern. Evtl. mit Wasser verdünnen und nach Geschmack mit Honig süßen. In dunkle Flaschen füllen, etikettieren, einige Wochen reifen lassen und genießen.

THYMIANLIKÖR & -SCHNAPS

Produktbezeichnung / Produktklasse

- Ansatzschnaps ▪ Spirituose
- Likör ▪ Geist

Alkoholgehalt

unterschiedlich

Herkunft

im ganzen Alpenraum gebräuchlich

ZUTATEN

Thymian (Thymus pulegioides oder Thymus vulgaris), davon das frische Kraut

VERWENDUNG

wirkt immunsystemstärkend, antibiotisch, entzündungshemmend und schleimlösend; hilft bei Atemnot, Keuchhusten, Husten, Erkältung, Rheuma, Hauterkrankungen, Menstruationskrämpfen, Problemen mit der Monatsblutung, Kopfschmerzen, Magen-Darm-Problemen, entzündeter und fettiger Haut, Wunden, Schnittverletzungen und Ekzemen

HERSTELLUNG

Die Herstellung erfolgt auf unterschiedliche Weise.

- **Mazeration in Alkohol:** Die Pflanzen werden über eine unterschiedlich lange Zeit in Alkohol ausgezogen und dann abgefiltert.
- **Durch Destillation:** Die Pflanzen werden in einer Mischung aus Alkohol und Wasser (ca. 55 Volumenprozent) mazeriert und dann destilliert.

- **Durch Destillation mit Aromakorb:** Das Destilliergut wird im Aromakorb verteilt. Beim Destillieren von Neutralalkohol nimmt der Alkoholdampf die Aromastoffe aus dem Korb auf und es entsteht ein Geist. Danach wird das Destillat auf Trinkstärke eingestellt.

HAUPTBESTANDTEIL

Der Thymian stammt aus den Mittelmeerländern und gelangte durch die katholische Kirche nach Mitteleuropa. Hier wurde er in Klostergärten angebaut und als Gewürz- und Heilpflanze sehr geschätzt. Der Thymus vulgaris ist eine mehrjährige, frostharte Pflanze. Er erreicht eine Wuchshöhe von 10 bis 40 Zentimetern, abhängig davon, ob es sich um eine Art mit kriechendem oder aufrechtem Wuchs handelt. Die Zweige sind stark verästelt und verholzen gerne. Die Blätter sind sehr klein, ellipsenförmig und duften sehr stark. Der Thymian blüht von Mai bis Oktober rosa bis hellviolett. Er mag einen vollsonnigen Standort und ist auch für einen Steingarten gut geeignet. Der Thymian kann auch längere Zeit ohne Wasser gut auskommen.

In den Alpen findet man wild häufig den Wilden Thymian, auch Quendel genannt. Dieser ist aromatischer und man sagt auch, dass er mehr Wirkkraft hat.

Der Echte Thymian wird noch in zahlreiche unterschiedliche Chemotypen unterteilt, die wiederum vom Standort und den vorherrschenden Bedingungen abhängen. Der Gehalt an ätherischem Öl schwankt stark. Durch den hohen Anteil an Thymol wirkt das ätherische Öl des Thymians sehr stark antiseptisch und antiinfektiös. Es entfaltet seine positiven Eigenschaften sogar schon, wenn man einfach ein paar Tropfen auf ein Tuch träufelt und bei Schnupfen daran riecht.

Für volksheilkundliche Anwendungen erntet man den Thymian am besten kurz vor der Blüte. Durch seine antibiotischen und entzündungshemmenden Eigenschaften bekämpft der Thymian Husten und Erkältungen. Er eignet sich auch gut zur Inhalation.

VERWENDUNG IN DER VOLKSHEILKUNDE

Der Thymian spielt bereits seit der Antike eine wichtige Rolle als Heilpflanze. Das griechische Wort „thymos" bedeutet Geist oder Mut. „Thymus" ist der lateinische Begriff für Lebensenergie. Der Thymian wurde in der Antike auch als Opfergabe an die Götter verbrannt. Den Spartanern gab er als Kranz um den Kopf Mut für den Kampf.

Hildegard von Bingen empfahl den Thymian bei „schwachem und leerem Hirn", sie meinte wohl Mutlosigkeit. Sie empfiehlt hier, Quendelkekse zu essen. Sie hielt auch viel von Thymian bei Atemnot oder Keuchhusten. Besonders mochte sie den Quendel und schrieb über ihn: „Wenn ein Mensch krankes Fleisch hat, so dass sein Fleisch, seine Haut wie räudig ausblüht, dann nehme man Quendel und esse es mit Fleisch oder Gemüse gekocht oft, und das Fleisch seines Körpers wird von innen heraus geheilt und gereinigt werden."

In der Volksheilkunde gilt er als der große Schleimlöser und ist deshalb oft Bestandteil von Hustensäften und Hustentropfen. Er wirkt mild und stark zugleich und ist deshalb auch für Kinder gut geeignet. Eine Tasse Thymiantee mit Honig wirkt hier oft Wunder. Die enthaltenen Enzyme aktivieren das Immunsystem. Waschungen mit Thymiantee helfen bei Rheuma, Hauterkrankungen sowie gegen Viren und Bakterien. Außerdem wird er wegen seiner krampflösenden Eigenschaften bei Menstruationskrämpfen eingesetzt und kann auch die Monatsblutung regulieren. Im Arzneibuch der Alt-Taentzlin (vor 1550, Schwaz) wird ein Umschlag aus Quendelwasser bei Kopfschmerzen empfohlen.

Durch die enthaltenen ätherischen Öle und Bitterstoffe regt der Thymian bei Magen-Darm-Problemen den Appetit und die Verdauung an. Äußerlich können Auszüge von Thymian wunderbar bei unreiner, zu Entzündungen neigender und fettiger Haut angewendet werden. Das führt schnell zur Besserung. Auch bei schlecht heilenden und entzündeten Wunden, Schnittverletzungen und Ekzemen wird er eingesetzt.

REZEPT FÜR THYMIANSCHNAPS (TINKTUR)

- 2 Handvoll frisches Thymiankraut, klein geschnitten
- 1 l Alkohol (38 Volumenprozent)

Thymian klein schneiden, mit dem Alkohol in ein Glas geben und gut verschließen, mindestens vier Wochen stehen lassen. Besser länger. Es sollte alles gut mit Alkohol bedeckt sein. Ab und zu schütteln. Abfiltern. In dunkle Flaschen füllen, etikettieren, einige Wochen reifen lassen und genießen.

VOGELBEERLIKÖR & -SCHNAPS

Produktbezeichnung / Produktklasse

- Ansatzschnaps ▪ Spirituose
- Likör ▪ Geist ▪ Destillat

Alkoholgehalt

unterschiedlich

Herkunft

im ganzen Alpenraum gebräuchlich

ACHTUNG! Rohe Früchte nicht in großen Mengen essen, da das zu Durchfall oder Erbrechen führen kann. Das liegt an der enthaltenen Parasorbinsäure.

ZUTATEN

Vogelbeere (Sorbus aucuparia), davon die vollreifen Beeren

VERWENDUNG

gilt als Schutzpflanze, hilft bei Husten, Heiserkeit und Nierenleiden, fördert die Verdauung

GESCHICHTE

Obstbrand aus Vogelbeeren hat eine lange Tradition im alpinen Bereich und wurde immer zu sehr hohen Preisen gehandelt.

HERSTELLUNG

Die Herstellung erfolgt auf unterschiedliche Weise.

- **Mazeration in Alkohol:** Die Beeren werden über eine unterschiedlich lange Zeit in Alkohol ausgezogen und dann abgefiltert.
- **Durch Destillation:** Die Beeren werden in einer Mischung aus Alkohol und Wasser (ca. 55 Volumenprozent) mazeriert und dann destilliert.
- **Durch Destillation mit Aromakorb:** Das Destilliergut wird im Aromakorb verteilt. Beim Destillieren von Neutralalkohol nimmt der Alkoholdampf die Aromastoffe aus dem Korb auf und

es entsteht ein Geist. Danach wird das Destillat auf Trinkstärke eingestellt.

Der Vogelbeerschnaps hat einen charakteristischen mandelartigen Geschmack und ist sehr teuer, da aus 100 Litern Maische nur zwei Liter Edelbrand gewonnen werden können. Die Alkoholausbeute bei der Destillation ist also sehr gering. Die Beeren sollten nach dem ersten Frost geerntet werden. Um einen guten Brand zu erhalten, müssen die Stiele entfernt werden.

HAUPTBESTANDTEIL

Der Vogelbeerbaum (auch Eberesche) wird durchschnittlich 15 Meter hoch, erreicht meist ein Alter von 80 Jahren und ist in den ganzen Alpen verbreitet. Die Blüten erscheinen von Mai bis Juli, die Früchte sind zwischen August und September reif. Die Beeren enthalten sehr viel Vitamin C und unter anderem Bitterstoffe, ätherische Öle, Fruchtsäuren, Gerbstoffe und Parasorbinsäure.

Früher wurden sie sogar wegen des hohen Vitamin-C-Anteils in der Seefahrt eingesetzt, um die Matrosen vor Skorbut zu schützen. Das enthaltene Provitamin A gibt den Früchten ihre Farbe und wirkt als Antioxidans. Es wandelt sich im Körper in Vitamin A um, das gut für die Augen ist und den Körper auch bei vielen weiteren Funktionen unterstützt.

VERWENDUNG IN DER VOLKSHEILKUNDE

Die Vogelbeere war dem germanischen Gott Thor, dem Gott des Blitzes, geweiht. Für die Kelten war sie ein heiliger Baum und zählte neben Apfelbaum, Walnuss und Tanne zu den Lebensbäumen. Sie wurde bevorzugt an besonderen Stellen, wie Orakelplätzen, gepflanzt. Wer den Baum abholzte, war dem Tode geweiht. Die Vogelbeere schützte einen vor Unheil und Verzauberung und half auch gegen Blitzschlag. Büsche und Kränze wurden an den Fenstern und Dächern der Häuser zum Schutz angebracht. Ein Amulett aus ihrem Holz schützte die Menschen vor bösen Geistern. Wenn die Eberesche viele Beeren trägt, soll das auf einen harten Winter hindeuten.

Kräuterpfarrer Johann Künzle empfahl Vogelbeeren, um zähen Schleim von den Stimmbändern zu lösen. Die getrockneten Beeren sind bis heute bei Sängern sehr beliebt, die an Heiserkeit leiden. Auch zur Regulierung der Verdauung kann sie wegen der enthaltenen Bitterstoffe gut eingesetzt werden.

Die enthaltenen Gerb- und Bitterstoffe machen die Beeren und Blüten außerdem zu einem beliebten Hustenmittel. Getrocknete Beeren zu kauen, regt schließlich sogar die Nierentätigkeit an und kann Nierensteine lösen.

Die Blüte schmeckt sauer bis mandelartig und kann gemeinsam mit den Blättern für Tee getrocknet werden. Am besten erntet man die reifen Früchte, welche sehr viel Vitamin C (bis zu 100 mg pro 100 g Beeren, das ist ein höherer Gehalt an Vitamin C als in Zitronen) enthalten, nach der ersten Nacht mit Frost im Herbst, da sie durch die Kälte etwas süßer schmecken werden. Man sollte rohe Früchte nicht in großen Mengen essen, da das zu Durchfall oder Erbrechen führen kann. Durch Kochen vor der Verwendung werden die unbekömmlichen Inhaltsstoffe zerstört, d. h., die Parasorbinsäure wird zu Sorbinsäure abgebaut, die gut verträglich ist.

REZEPT FÜR VOGELBEERLIKÖR

- 2 Handvoll frische, vollreife Vogelbeeren
- 1 Vanilleschote
- 1 Bio-Zitrone, davon die Schale
- 1 l Alkohol (38 Volumenprozent)
- 1 Zimtstange
- ca. 1 l Zuckersirup (1:1 Wasser und Zucker)

Vogelbeeren mit der ausgekratzten Vanilleschote und der Zitronenschale in ein Glas geben und mit Alkohol bedecken. Glas verschließen und alles mindestens vier Wochen darin ausziehen lassen. Wer mag, kann die letzten paar Tage noch eine Zimtstange hinzufügen. Ab und zu schütteln. Abfiltern. Nach Belieben mit Zuckersirup verdünnen, bis es schmeckt. In dunkle Flaschen füllen, etikettieren, einige Wochen reifen lassen und genießen.

WACHOLDERSCHNAPS & GIN

Produktbezeichnung / Produktklasse

- Ansatzschnaps ▪ Spirituose ▪ Likör ▪ Geist ▪ Destillat

Alkoholgehalt

unterschiedlich

Herkunft

im ganzen Alpenraum gebräuchlich

ACHTUNG! Der Wacholder ist in manchen Gegenden geschützt! Erkundige dich vor dem Sammeln!

ZUTATEN

Wacholder (Juniperus communis), davon die reifen Beeren, seltener die jungen Triebe und Zweige

VERWENDUNG

als Digestif, in Cocktails; hilft bei Erkältung, Husten, Halsschmerzen, Gelenkschmerzen, Schmerzen des Bewegungsapparates, Rheuma, Magen-Darm-Problemen, Verdauungsproblemen, Harnwegserkrankungen und Blasenentzündung

GESCHICHTE

Der Wacholder war in den Alpen eine wichtige Schutzpflanze, ein Wacholderast über der Tür hielt das Böse vom Haus ab. Auch Amulette aus Wacholderholz oder -beeren wurden zum Schutz gerne getragen.

HERSTELLUNG

Die Herstellung erfolgt auf unterschiedliche Weise.

- **Mazeration in Alkohol**: Die Pflanzen werden über eine unterschiedlich lange Zeit in Alkohol ausgezogen und dann abgefiltert.
- **Durch Destillation:** Die Pflanzen werden in einer Mischung aus Alkohol und Wasser (ca. 55 Volumenprozent) mazeriert und dann destilliert.
- **Durch Destillation mit Aromakorb:** Das Destilliergut wird im Aromakorb verteilt. Beim Destillieren von Neutralalkohol nimmt der Alkoholdampf die Aromastoffe aus dem Korb auf und es entsteht ein Geist. Danach wird das Destillat auf Trinkstärke eingestellt.

HAUPTBESTANDTEIL

Der Wacholder ist ein Zypressengewächs und bei uns sehr weit verbreitet. In manchen Gegenden ist er jedoch schon selten und geschützt. Der bis zu zwei Meter hohe Baum ist immergrün und zweihäusig getrenntgeschlechtig. Der weibliche Baum trägt im Herbst kleine blau-grüne bis schwarze Beeren, welche botanisch gesehen keine Früchte, sondern Zapfen sind. Diese brauchen von der Blüte bis zur Reife ungefähr zwei Jahre. Unbedingt nur reife Beeren sammeln. Der Wacholder ist

ISS KRANAWITT UND BIBERNELL, DANN STIRBST DU NICHT SO SCHNELL!

schon seit der Römerzeit ein beliebtes Gewürz in der Küche. Hildegard von Bingen empfahl, die Wacholderbeeren bei Erkältungen, Husten und Halsschmerzen zu essen.

VERWENDUNG IN DER VOLKSHEILKUNDE

Der Zillertaler Kiendler (Bauerndoktor Alois Neuner) stellte eine Wundsalbe aus grünen Wacholderbeeren und Olivenöl her.

In der Volksheilkunde wird der Wacholder hauptsächlich bei Gelenkschmerzen, Schmerzen des Bewegungsapparates und Rheuma verwendet. Hier kommen vor allem ein angesetzter Schnaps aus Wacholderbeeren – äußerlich auf die schmerzenden Stellen aufgetragen – oder Salben zum Einsatz.

Das ätherische Wacholderbeerenöl wird aus getrockneten Beeren des Wacholderbaums mit Wasserdampfdestillation hergestellt. Um einen Liter dieses aromatischen Öls zu erhalten, werden ca. 60 bis 120 Kilogramm der Beeren benötigt. Dieses ätherische Öl ist sehr vielfältig einsetzbar und wirkt zum Beispiel antibakteriell, reinigend und entschlackend. Es kann bei Erkältungen und Grippe, Magen-Darm-Problemen, Verdauungsproblemen, Harnwegserkrankungen und Blasenentzündung verwendet werden.

Eine beliebte Verarbeitungs- und Verwendungsmethode in der Volksheilkunde ist der Wacholderschnaps. Auch der zurzeit in Mode gekommene Gin wird mit Wacholderbeeren und anderen Gewürzen hergestellt.

In den Alpen werden Wacholderbeeren generell auch in der Küche verwendet, um die Verdauung anzuregen. Sie sind ein typisches Gewürz, das bei Sauerkraut und Wildgerichten zum Einsatz kommt.

REZEPT FÜR ALPEN-GIN

- 1 Handvoll frische, vollreife Wacholderbeeren, angequetscht
- 1 Bio-Zitrone, davon die Schale
- etwas frische Minze, klein geschnitten
- etwas Ingwer, klein geschnitten
- ein paar Holunderblüten
- 1 Vanilleschote, ausgekratzt
- 1 Zimtstange
- 1 l Alkohol (38 Volumenprozent)

Wacholderbeeren mit den restlichen Zutaten in ein Glas geben und mit Alkohol bedecken. Glas verschließen und alles mindestens vier Wochen darin ausziehen lassen. Wer mag, kann die letzten paar Tage noch eine Zimtstange hinzufügen. Ab und zu schütteln. Abfiltern. In dunkle Flaschen füllen, etikettieren, einige Wochen reifen lassen und genießen. Wenn du das Mazerat destillierst, bekommst du einen klaren Gin.

WEICHSELLIKÖR & -SCHNAPS

Produktbezeichnung / Produktklasse

- Ansatzschnaps ▪ Spirituose
- Likör ▪ Geist ▪ Destillat

Alkoholgehalt

unterschiedlich

Herkunft

im ganzen Alpenraum gebräuchlich

ZUTATEN

Weichsel/Sauerkirsche (Prunus cerasus)

VERWENDUNG

als Digestif, in Cocktails; lindert Entzündungen, hilft bei Schmerzen, Migräne, Gicht, Schlafstörungen und Osteoporose, wirkt antioxidativ und stoffwechselaktivierend

HERSTELLUNG

Die Herstellung erfolgt auf unterschiedliche Weise.

- **Mazeration in Alkohol:** Die Kirschen werden über eine unterschiedlich lange Zeit in Alkohol ausgezogen und dann abgefiltert.
- **Durch Destillation:** Die Kirschen werden in einer Mischung aus Alkohol und Wasser (ca. 55 Volumenprozent) mazeriert und dann destilliert.
- **Durch Destillation mit Aromakorb:** Das Destilliergut wird im Aromakorb verteilt. Beim Destillieren von Neutralalkohol nimmt der Alkoholdampf die Aromastoffe aus dem Korb auf und es entsteht ein Geist. Danach wird das Destillat auf Trinkstärke eingestellt.

Die Kerne enthalten Blausäure und sollten deshalb nur ganz in das Mazerat, sonst würden sie den Brand bzw. das Mazerat verderben.

HAUPTBESTANDTEIL

Der Weichselbaum kann bis zu 10 Meter hoch werden und die Äste der lockeren, runden Krone hängen oft über. Die hübschen weißen Blüten sind zu zweit bis viert in Dolden angeordnet und blühen von April bis Mai. Die rote Steinfrucht wird bis zu zwei Zentimeter groß. Das Rosengewächs stammt aus Kleinasien.

Sauerkirschen enthalten die Vitamine A, B1, B2, C und E sowie nennenswerte Mengen an Kalium und Folsäure. Zudem sind Anthozyanen und weitere Antioxidantien enthalten.

VERWENDUNG IN DER VOLKSHEILKUNDE

Hildegard von Bingen verwendete Kirschen als Heilmittel gegen Gicht und Fieber.

Die Weichsel soll bei Entzündungen, Gicht, Gelenkschmerzen, Arthrose, Arthritis und Schlafproblemen helfen. Sie regt den Stoffwechsel an und senkt den Harnsäurespiegel, was sich bei Gicht positiv auswirkt. Die Sauerkirsche ist eine seltene natürliche Melatonin-Quelle und fördert somit den gesunden Schlaf. Sie kann außerdem Schmerzen und Migräne lindern.

REZEPT FÜR WEICHSELLIKÖR

- 2 Handvoll frische, vollreife Weichseln
- 1 Vanilleschote
- 1 Bio-Zitrone, davon die Schale
- 1 l Alkohol (38 Volumenprozent)
- 1 Zimtstange
- ca. 1 l Zuckersirup (1:1 Wasser und Zucker)

Die Weichseln mit der ausgekratzten Vanilleschote und der Zitronenschale in ein Glas geben und mit Alkohol bedecken. Glas verschließen und alles mindestens vier Wochen darin ausziehen lassen. Wer mag, kann die letzten paar Tage noch eine Zimtstange hinzufügen. Ab und zu schütteln. Abfiltern. Nach Belieben mit Zuckersirup verdünnen, bis es schmeckt. In dunkle Flaschen füllen, etikettieren, einige Wochen reifen lassen und genießen.

WEIẞDORNLIKÖR & -SCHNAPS

Produktbezeichnung / Produktklasse

- Ansatzschnaps
- Spirituose
- Likör
- Geist

Alkoholgehalt

unterschiedlich

Herkunft

im ganzen Alpenraum gebräuchlich

ZUTATEN

Weißdorn (Crataegus)

VERWENDUNG

hilft bei Herzschwäche und zu hohem oder zu niedrigem Blutdruck, wirkt gefäßerweiternd, gut für Arterien, Durchblutung des Herzens, einsetzbar als Beruhigungsmittel für Herz und Seele

GESCHICHTE

Der Weißdorn wurde sehr gerne als schutzmagische Pflanze verwendet, um sich vor bösen Geistern zu schützen.

HERSTELLUNG

Die Herstellung erfolgt auf unterschiedliche Weise.

- **Mazeration in Alkohol:** Die Beeren werden über eine unterschiedlich lange Zeit in Alkohol ausgezogen und dann abgefiltert.

- **Durch Destillation mit Aromakorb:** Das Destilliergut wird im Aromakorb verteilt. Beim Destillieren von Neutralalkohol nimmt der Alkoholdampf die Aromastoffe aus dem Korb auf und es entsteht ein Geist. Danach wird das Destillat auf Trinkstärke eingestellt.

HAUPTBESTANDTEIL

Der Weißdorn gehört zu den Rosengewächsen und blüht zwischen Mai und Juni weiß bis rosa. Er ist sommergrün und kann bis zu 10 Meter hoch und 500 Jahre alt werden. Man findet ihn in allen gemäßigten Klimazonen der Nordhalbkugel in vielen Arten. Davon sind in Europa 22 Arten heimisch. Die Unterscheidung ist sehr schwierig, da sich oft Bastarde bilden.

Einheitliche Bestimmungsmerkmale sind die tief eingeschnittenen, gelappten Blätter und die in Rispen angeordneten Blütenstände. Zwei bei uns heimische Arten sind der Eingriffelige Weißdorn (Crataegus monogyna) und der Zweigriffelige Weißdorn (Crataegus laevigata). Der Name Weißdorn weist zum einen auf die Farbe seiner Blüten hin, zum anderen auf seine bis zu zwei Zentimeter langen Dornen. Oft wird er auch Hagedorn, Heckendorn oder Weißheckdorn genannt, was auf seine Verwendung als Hecke hinweist.

Im Herbst sind die bis zu zwei Zentimeter großen Beeren reif und dunkelrot, sie schmecken sauer, mehlig und enthalten meist ein bis drei Samenkerne. Weißdorne sind ein beliebter Wohnort vieler Schmetterlings- und Vogelarten. Letztere essen auch gerne seine reifen Beeren.

VERWENDUNG IN DER VOLKSHEILKUNDE

Der botanische Name „Crataegus" kommt vom griechischen Wort „krataigos" und bedeutet so viel wie „stark" oder „fest", was sich wohl auf die Qualität des Holzes bezieht. Die bis zu zwei Zentimeter langen Dornen des Strauches machten ihn seit jeher zu einer guten Schutzhecke um Siedlungen oder Weideland.

Die Blätter, Blüten und die Beeren werden traditionell bei geschwächtem Herzen, bei Bluthochdruck und bei zu niedrigem Blutdruck eingesetzt, vor allem bei älteren Menschen. Weißdorn wirkt gefäßerweiternd, macht die Arterien durchlässiger und verbessert die Durchblutung des Herzens.

Außerdem dient er als Beruhigungsmittel für Herz und Seele, auch wenn man das Gefühl hat, es lastet ein Druck auf dem Herzen. Das dürfte auf die enthaltenen Flavonoide zurückzuführen sein. Der Weißdorn ist eine gute Wahl als Zutat in einem Abendtee, da er hilft, besser zu schlafen. Das ist vor allem in der Bretagne und in England gebräuchlich. Deshalb wird er auch Schlafdorn genannt.

Die frischen, reifen Früchte und die Blätter können auch gut zu einem Herzwein verarbeitet werden. Zwei Handvoll Beeren (am besten etwas quetschen) und eine Handvoll Blätter werden mit einer Flasche gutem Rotwein in ein großes Glas gegeben. Zum Verfeinern kann man auch noch ein Stück Zimt und die Scheiben einer Zitrone dazugeben und den Wein nach Geschmack mit etwas Honig süßen. Ein bis zwei Wochen ziehen lassen, abfiltern und in eine Flasche füllen. Davon trinkt man dann täglich ein Stamperl, um sein Herz zu stärken. Eine Wirkung ist erst nach 6 Wochen zu spüren. In diesem Rosengewächs verbindet sich weibliche Zartheit der Blüten mit der männlichen Kraft der Dornen.

REZEPT FÜR WEIßDORNSCHNAPS (TINKTUR)

- 2 Handvoll frische, vollreife Weißdornbeeren
- 1 l Alkohol (38 Volumenprozent)

Beeren in ein Glas geben und mit Alkohol bedecken. Glas verschließen und die Beeren mindestens vier Wochen im Alkohol ausziehen lassen. Wer mag, kann die letzten paar Tage noch eine Zimtstange hinzufügen. Ab und zu schütteln. Abfiltern. In dunkle Flaschen füllen, etikettieren, einige Wochen reifen lassen und genießen.

ZIRBENLIKÖR & -SCHNAPS – ZIRBERL

Produktbezeichnung / Produktklasse

- Ansatzschnaps
- Spirituose
- Likör
- Geist
- Destillat

Alkoholgehalt

unterschiedlich

Herkunft

im ganzen Alpenraum gebräuchlich

ZUTATEN

Zirbe (Pinus cembra), davon die jungen violetten Zapfen

VERWENDUNG

hilfreich bei Erkältungen, Erkrankungen des Bewegungsapparats, bei Übelkeit und bei Nerven- bzw. allgemeiner Schwäche; sie wirkt antibakteriell, entzündungshemmend, durchblutungsfördernd, schmerzlindernd und schleimlösend, kann den Schlaf verbessern und als Hausmittel gegen Ungeziefer oder als Zugsalbe eingesetzt werden.

HERSTELLUNG

Die Herstellung erfolgt auf unterschiedliche Weise.

- **Mazeration in Alkohol:** Die Zapfen werden über eine unterschiedlich lange Zeit in Alkohol ausgezogen und dann abgefiltert.
- **Durch Destillation:** Die Zapfen werden in einer Mischung aus Alkohol und Wasser (ca. 55 Volumenprozent) mazeriert und dann destilliert.

- **Durch Destillation mit Aromakorb:** Das Destilliergut wird im Aromakorb verteilt. Beim Destillieren von Neutralalkohol nimmt der Alkoholdampf die Aromastoffe aus dem Korb auf und es entsteht ein Geist. Danach wird das Destillat auf Trinkstärke eingestellt.

HAUPTBESTANDTEIL

Im Hochgebirge zwischen 1500 und 2000 Metern Seehöhe, oft im Verbund mit Lärchen und Latschen, wo sie den extremsten Bedingungen wie Frost und Dürre ausgesetzt ist, wo es kaum Humus, aber viele Steine gibt, dort wächst die Zirbe. Hier wird sie mit bis zu 25 Metern Höhe zur Königin der Berge, die sich mit tiefen Wurzeln im Untergrund verankert. Ihr wichtigstes Erkennungszeichen ist, dass die 8 bis 10 cm langen Nadeln immer in 5er-Büscheln zusammenstehen.

Wo der Name der Zirbe herkommt, ist nicht klar. Der Begriff leitet sich möglicherweise vom mittelhochdeutschen „zirben" ab, das man mit „wirbeln" oder „sich im Kreise drehen" übersetzen würde.

Die aus den Spänen über lange Zeit ausströmenden Öle mit dem typischen Zirbenduft sollen für einen tiefen und gesunden Schlaf sorgen. Die Benutzung einer Zirbentruhe als Getreidespeicher war früher gang und gäbe, um das Getreide vor Schädlingen zu schützen.

Die Nadeln enthalten ca. 1 % aromatisches ätherisches Öl und Harz. Für den Duft ist eine Vielzahl an Terpentinen verantwortlich. Es gibt ca. 22.000 verschiedene Inhaltsstoffe im ätheri-

schen Zirbenöl und diese beeindruckende Zahl findet sich eben auch in einem Tropfen davon wieder.

Die Zirbe steht in enger Kooperation mit dem Tannenhäher; diese Verbindung gilt als magisch, da die Vögel als Verbindung zwischen Himmel und Erde angesehen werden. So soll die Zirbe über besondere Kräfte verfügen und Schutz vor bösem Zauber und bösen Geistern bieten.

VERWENDUNG IN DER VOLKSHEILKUNDE

Die in der Zirbe enthaltenen Alpha- und Beta-Pinene haben krebshemmende Eigenschaften und schützen den Baum vor Wucherungen. Das könnte auch dem Menschen helfen. Die in Nadelhölzern enthaltenen ätherischen Öle vermindern die Belastungen durch Stress und lassen uns besser schlafen. Besonders der Duft des Zirbenholzes, der durch Verbindung der Zirbenholzöle mit Sauerstoff entsteht, hat eine entspannende und entzündungshemmende Wirkung.

Zirbenöl wirkt antibakteriell, entzündungshemmend, durchblutungsfördernd, schmerzlindernd und schleimlösend. Inhalationen verbessern die Sauerstoffaufnahme der Lunge. Der Zirbenduft wirkt sich wohltuend entspannend aus und fördert den Schlaf. Bei rheumatischen Beschwerden sowie Muskel- und Gelenkschmerzen hilft Zirbenöl als Einreibung oder als Badezusatz. Hier können auch unreife Zirbenzapfen aufgegossen werden – dies bringt Linderung für den gesamten Bewegungsapparat. Auch Zirbenschnaps kann man als Einreibung verwenden. Frische

Triebe und Nadeln werden dafür in hochprozentige Schnäpse eingelegt. Diese Schnäpse können auch innerlich angewandt werden und enthalten viel Vitamin C. Es ist aber auch möglich, aus den unreifen, zerschnittenen Zirbenzapfen einen Schnaps oder Likör herzustellen. Dieser hilft gegen Übelkeit, aber auch bei Nerven- und allgemeiner Schwäche. Für Kinder ist der Schnaps als Riechfläschchen bei verstopfter Nase geeignet. Gegen Husten kann bei Erwachsenen der Zirbenschnaps eingesetzt werden, bei Kindern ein Zirbensirup. Der Zirbenschnaps wird in der Tiroler Volksheilkunde auch zur Vorbeugung gegen Erkältungskrankheiten getrunken. Bei Männern soll der Zirbenschnaps potenzsteigernde Wirkung haben und sogar gegen Zeugungsschwäche helfen. Wissenschaftlich erwiesen ist die Wirkung des Zirbenöls bei der Bekämpfung verschiedener Bakterien und Keime.

Das Zirbenharz wird gerne bei Verstauchungen eingesetzt. Es ist ein wunderbares Wund- oder Zugmittel. Bei offenen Stellen im Mund wirkt ein aufgelegtes Stück Harz schnell schmerzlindernd und wundheilend.

In einer Studie wurde auch die positive Wirkung auf die Schlafqualität und die Herzfrequenz nachgewiesen. Diese Studie wurde von Vertretern der alpinen Forstwirtschaft in Auftrag gegeben. Sie wollten die allgemeine Volksmeinung, dass man in einem Zirbenbett besser schläft, wissenschaftlich beweisen. Das war zu einer Zeit, in der die Zirbe in einer Absatzkrise steckte.

Es zeigt sich, dass die Schlafqualität unter den Versuchsbedingungen – Zirbenbett vs. Holzdekorbett – deutlich unterschiedlich ist. Beim Schlaf im Zirbenbett zeigt sich eine signifikant erniedrigte Herzschlagrate (bis zu 3500 Herzschläge weniger pro Nacht) im Vergleich zum Spanplattenbett mit Holzdekor. Außerdem zeigten sich die Probanden besser erholt, sie schliefen im Zirbenbett tiefer und der erste Schlafzyklus war länger.

REZEPT FÜR ZIRBENLIKÖR

- ca. 5 junge violette Zirbenzapfen, in Scheiben geschnitten
- 1 l Alkohol (38 Volumenprozent)
- ein paar Gewürznelken
- 1 Zimtstange
- ca. 1 l Zuckersirup (1:1 Wasser und Zucker)

Geschnittene Zirbenzapfen in ein Glas geben und mit Alkohol bedecken. Glas verschließen und die Zapfen mindestens vier Wochen darin ausziehen lassen. Wer mag, kann die letzten paar Tage noch eine Zimtstange und ein paar Nelken hinzufügen. Ab und zu schütteln. Abfiltern. Nach Belieben mit Zuckersirup verdünnen, bis es schmeckt. In dunkle Flaschen füllen, etikettieren, einige Wochen reifen lassen und genießen.

EINREIBUNGEN

ARNIKA-EINREIBUNG

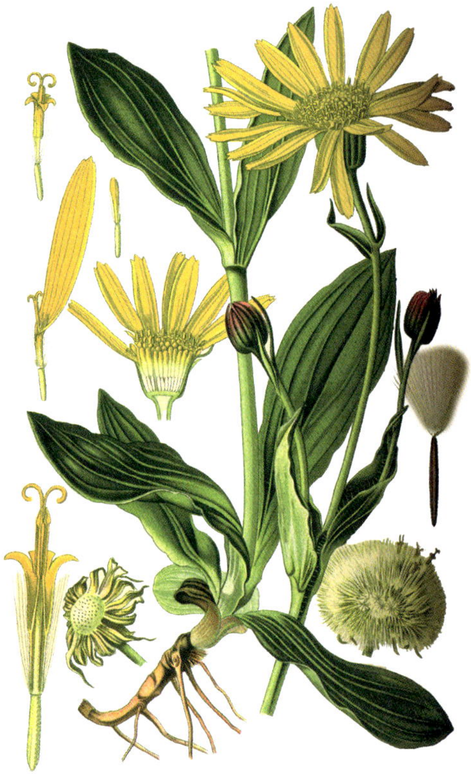

Produktbezeichnung / Produktklasse

- Einreibung

Alkoholgehalt

unterschiedlich

Herkunft

im ganzen Alpenraum gebräuchlich

ACHTUNG! Arnika steht unter Naturschutz! Nicht zur inneren Anwendung geeignet, da sie giftige Stoffe (Helenalin) enthält! Hochallergen!

ZUTATEN

Arnika (Arnica montana), davon die Blüten

VERWENDUNG

wirkt aphrodisierend; hilft bei Entzündungen (vor allem auch Zahnfleisch- und Mundschleimhautentzündungen), Aphthen, Furunkeln, stumpfen Verletzungen, Quetschungen, Verstauchungen, Verrenkungen, Prellungen, Hexenschuss und Rheuma

GESCHICHTE

Die Arnika ist Bestandteil des Kräuterbuschens. Diese gebundenen Kräutersträuße werden an Mariä Himmelfahrt (15. August) in der Kräuterweihe gesegnet und dann in den Raunächten (Nächte zwischen Weihnachten und Neujahr) zum Schutz von Haus und Hof vor bösen Geistern, Unglück sowie Katastrophen auf glühender Holzkohle verräuchert.

HERSTELLUNG

Mazeration in Alkohol: Die Pflanzen werden über eine unterschiedlich lange Zeit in Alkohol ausgezogen und dann abgefiltert.

HAUPTBESTANDTEIL

Die Arnika ist eine aromatisch duftende, sommergrüne, ausdauernde, krautige Pflanze und wird 20 bis 60 Zentimeter hoch. Die Grundblätter am Boden sind rosettenartig angeordnet und hellgrün. Die Arnika blüht je nach Lage von Mai bis August.

Ihre orangegelbe Farbe soll den Wolfsaugen ähneln, woher auch der Beiname „Wohlferlei" kommt.

Die Echte Arnika bevorzugt saure und magere Wiesen, mag keinen Kalk und wächst gerne auf sonnigen Rasen. Sie ist bis in Höhenlagen von 2800 Metern zu finden.

In Österreich ist die Arnika streng geschützt und ihre Bestände sind je nach Region stark gefährdet. Man sollte deshalb in der Natur mit dieser Heilpflanze äußerst behutsam umgehen und besser die getrocknete Pflanze im Fachhandel kaufen.

Die Arnika enthält ätherisches Öl, Bitterstoffe, Gerbstoffe, Flavonglycoside, Azulen und Thymol, aber auch giftige Stoffe wie Helenalin, welches das Herz schädigen kann, daher ist sie nicht zur inneren Anwendung geeignet. Auch Tee aus Arnikablüten kann zu Vergiftungen führen. Früher wurde Arnika bei Atemwegs- und Herz-Kreislauf-Erkrankungen verwendet, davon wird aber dringend abgeraten.

Die enthaltenen Flavonoide und Triterpendiole haben, äußerlich angewandt, entzündungshemmende Wirkung. Die Inhaltsstoffe der Arnika wirken hochallergen. Am besten vor der Anwendung mit wenigen Tropfen auf dem Unterarm testen, ob man allergisch reagiert. Nicht auf offene Wunden wie Hautabschürfungen oder Platzwunden auftragen.

VERWENDUNG IN DER VOLKSHEILKUNDE

Die Heilpflanze wird bereits seit den Germanen hoch geschätzt und gilt auch als Schutzpflanze. Bei heranziehenden Unwettern wurde zum Beispiel mit ihr geräuchert, um diese zu vertreiben. Zu Johanni geerntet, gilt sie als besonders heilkräftig. Hildegard von Bingen nannte die Arnika „Wolfesgelegena" und sprach ihr eine aphrodisierende Wirkung zu.

Die Arnika zählt in den Alpen zu den wichtigsten Heilpflanzen und kommt oft zum Einsatz. Arnikaschnaps bzw. Arnikatinktur kann man in vielen Haushalten finden. Sie hilft, äußerlich angewandt, vor allem bei stumpfen Verletzungen, wie zum Beispiel Quetschungen, Verstauchungen, Verrenkungen und Prellungen. Hier hat sich die Anwendung der Arnikatinktur bewährt. Am besten wird diese, 3:10 bis 1:10 verdünnt, als Umschlag oder Kompresse verwendet. Das hilft auch bei Hexenschuss, Rheuma und Entzündungen. Verstärken kann man die Wirkung bei Entzündungen noch, wenn man sich einen Umschlag aus Topfen macht und auf den Topfen einige Tropfen Arnikatinktur gibt. Je schneller man die Tinktur nach der Verletzung aufträgt, desto besser ist die Wirkung.

Gute Dienste tut die Arnika auch bei Entzündungen der Mundschleimhaut und des Zahnfleisches, bei Aphthen, Furunkeln, Entzündungen nach Insektenstichen und oberflächlichen Venenentzündungen. Für Mundspülungen die verdünnte Arnikatinktur verwenden oder aus den getrockneten Blüten einen Tee herstellen und damit spülen. Nicht schlucken!

STECKT ARNIKA AN,
STECKT ARNIKA AN,
DASS SICH DAS
WETTER SCHEIDEN KANN!

REZEPT FÜR ARNIKA-TINKTUR

- 2 Handvoll getrocknete Arnikablüten aus der Apotheke
- 1 l Alkohol (50 Volumenprozent)

Arnika in ein Glas geben und mit Alkohol bedecken. Glas verschließen und die Arnika mindestens vier Wochen darin ausziehen lassen. Ab und zu schütteln. Abfiltern. In dunkle Flaschen füllen, etikettieren. Nur äußerlich und am besten immer verdünnt anwenden!

FRANZBRANNTWEIN

Produktbezeichnung / Produktklasse

- Einreibung

Alkoholgehalt

unterschiedlich, meist zwischen 60 und 70 Volumenprozent

Herkunft

im ganzen Alpenraum gebräuchlich

ACHTUNG! Nicht zur inneren Anwendung geeignet! Kann bei zu häufiger Anwendung die Haut austrocknen! Nur auf intakte Hautstellen auftragen!

ACHTUNG! Die Latsche steht in manchen Regionen unter Naturschutz! Erkundige dich vor dem Sammeln!

ZUTATEN

verschiedene Pflanzen wie zum Beispiel Kiefer, Fichte, Wacholder, Lärche, Latsche, Lavendel, Rosmarin, Pfefferminze, Thymian, Wacholderbeeren, Ingwer und manchmal auch Arnika

VERWENDUNG

hilft bei Muskelkater, Verspannung, Müdigkeit, Abgespanntheit und Kopfschmerzen, wirkt durchblutungsfördernd und schmerzlindernd

GESCHICHTE

Die Geschichte des „Spiritus Vini gallici" beginnt im 17. Jh., als der „französische Branntwein" erstmals urkundlich erwähnt wurde. Schon damals wurde er als durchblutungsförderndes Einreibemittel verwendet. Im 18. und 19. Jh. wurde daraus der Franzbranntwein. „Franz" steht also vermutlich als Abkürzung für Frankreich, wo dieser Branntwein vorwiegend hergestellt wurde. Man meinte damit auch aus Wein durch Destillation gewonnenen Branntwein.

HERSTELLUNG

Mazeration in Alkohol: Die Pflanzen werden über eine unterschiedlich lange Zeit in Alkohol ausgezogen und dann abgefiltert.

DER MENSCH UND ALTE BÄUME
HABEN ETWAS GEMEINSAM:
IN BEIDEN VERBORGEN LIEGT DURCHLEBTES,
GESPÜRTES, GEMEISTERTES.

ERWIN THOMA

HAUPTBESTANDTEILE

Nadelbaum-Triebspitzen: Die jungen Triebe der Nadelbäume haben alle gemeinsam, dass sie bei Erkrankungen der oberen und unteren Atemwege, bei rheumatischen Beschwerden sowie bei Muskel- und Nervenschmerzen helfen.

Wacholder (Juniperus communis): In der Volksheilkunde wird der Wacholder hauptsächlich bei Gelenkschmerzen, Schmerzen des Bewegungsapparates und Rheuma verwendet. Hier kommen vor allem ein angesetzter Schnaps aus Wacholderbeeren – äußerlich auf die schmerzenden Stellen aufgetragen – oder Salben zum Einsatz. Mehr Infos zum Wacholder findest du auf S. 136, Wacholderschnaps & Gin.

Ätherisches Öl von Pfefferminze (Mentha × piperita): Das ätherische Öl, dessen Hauptbestandteil das Menthol ist, wird durch Wasserdampfdestillation hergestellt. Es hat eine betäubende Wirkung und kann so zur Schmerzlinderung eingesetzt werden, ohne Nebenwirkungen zu verursachen. Das macht man sich bei Spannungskopfschmerzen, Migräne, rheumatischen Schmerzen und Muskelschmerzen zunutze.

Ätherisches Öl von Kampfer (Cinnamomum camphora): Kampfer ist oft in Mitteln gegen Schmerzen, Zerrungen oder Verstauchungen enthalten, da er kühlend wirkt und die Durchblutung anregt. In Brustsalben gegen Verkühlungen wird er auch verarbeitet, da er krampflösend auf die Bronchien wirkt, die Atmung anregt und schleimlösend ist.

VERWENDUNG IN DER VOLKSHEILKUNDE

Der Franzbranntwein ist ein altes Hausmittel bei Muskelschmerzen und Verspannungen. Er regt die Durchblutung an, wirkt daher auch vitalisierend bzw. bei Anstrengung, Müdigkeit und Abgespanntheit als Einreibung belebend. Bei Beschwerden wie Muskelkater, Gelenkschmerzen, Ermüdung der Glieder, Prellungen, Zerrungen und Kopfschmerzen kann er Linderung verschaffen. An heißen Tagen wirkt der Franzbranntwein wunderbar kühlend.

REZEPT FÜR FRANZBRANNTWEIN

- je eine halbe Handvoll Triebspitzen von Kiefern, Fichten, Wacholder, Lärche, Latsche oder anderen Nadelbäumen
- etwas Lavendel, Rosmarin, Pfefferminze, Thymian, ein paar Wacholderbeeren, ein Stückchen Ingwer, klein geschnitten
- 1,5 l Alkohol (60 Volumenprozent)
- je 30 Tropfen ätherisches Öl von Kampfer und Pfefferminze

Alle Zutaten bis auf die ätherischen Öle in ein Glas geben und mit dem Alkohol bedecken. Glas verschließen und alles mindestens vier Wochen darin ausziehen lassen. Ab und zu schütteln. Abfiltern. Ätherische Öle dazugeben. In dunkle Flaschen füllen, etikettieren. Nur äußerlich und am besten immer verdünnt anwenden!

MAISCHE
RAUM

Informationen zur Herstellung von Likören & Tinkturen findest du ab Seite 171

HAUSAPOTHEKE MIT ALKOHOLISCHEN ANSÄTZEN (TINKTUREN)

AQUAVIT (Lebenswasser)

Verwendung: Verdauung, allgemeine Stärkung

Zutaten: hauptsächlich Kümmel, außerdem in geringerem Umfang und nach Geschmack variierbar auch Dillsamen, Koriander, Fenchel, Zimt, Nelken, Sternanis, Alkohol (40 Volumenprozent)

BALDRIANTINKTUR

Verwendung: Beruhigung, Schlafförderung, Unruhezustände

Zutaten: Baldrianwurzel, Alkohol (40 Volumenprozent)

ACHTUNG! Verwechslungsgefahr mit Giftpflanzen!

BÄRLAUCHTINKTUR

Verwendung: Frühjahrsmüdigkeit, Blutreinigung, Arterienverkalkung, Bluthochdruck, Verdauung

Zutaten: Bärlauchblätter, Alkohol (38 Volumenprozent)

ACHTUNG! Verwechslungsgefahr mit Giftpflanzen!

BEINWELLTINKTUR
nur äußerliche Anwendung

Verwendung: Knochen- und Knorpelverletzungen, Abnutzungen der Gelenke

Zutaten: Beinwellwurzel, Alkohol (40 Volumenprozent)

BERBERITZENSCHNAPS ODER -LIKÖR

Verwendung: Verstopfungen, regt Leber und Galle an, Rheuma, Denkleistung

Zutaten: Berberitzenfrüchte, Alkohol (40 Volumenprozent)

DURCHATMEN-TINKTUR

Verwendung: Verkühlung, Schnupfen, Husten

Zutaten: Pfefferminze, Thymian, Alantwurzel, Alkohol (70 Volumenprozent)

ECHINACEATINKTUR

Verwendung: Immunsystem, Entzündungen, antiviral, antibakteriell

Zutaten: Purpurner Sonnenhut, Alkohol (38 Volumenprozent)

ENTGIFTUNGSTINKTUR

Verwendung: Entgiftung, Stoffwechselanregung, Durchspülung

Zutaten: Birkenblätter, Goldrute, Brennnessel, Alkohol (38 Volumenprozent)

ENTZÜNDUNGSTINKTUR
nur äußerliche Anwendung

Verwendung: Entzündungen

Zutaten: Weidenrinde (geerntet im Frühling), Arnikablüten, Alkohol (50 Volumenprozent)

ERKÄLTUNGSTINKTUR

Verwendung: Verkühlung

Zutaten: Salbei, Wacholderbeeren, Thymian, Pfefferminze, Alkohol (40 Volumenprozent)

FRAUENTROPFEN

Verwendung: Unterleibsbeschwerden, Krämpfe, PMS, Menstruationsbeschwerden

Zutaten: Schafgarbe, Frauenmantel, Gänsefingerkraut, Alkohol (38 Volumenprozent)

GOLDRUTENTINKTUR

Verwendung: Ausleitung, Entgiftung, Rheuma, Reizblase

Zutaten: Goldrutenkraut, Alkohol (38 Volumenprozent)

GUTE-LAUNE-TROPFEN

Verwendung: Stimmungsaufhellung, Beruhigung

Zutaten: Zitronenmelisse, Lavendel, Johanniskraut, Baldrianwurzel, Alkohol (38 Volumenprozent)

HERZGESPANNTINKTUR

Verwendung: Blutdrucksenkung, Beruhigung, Angst, Erschöpfung

Zutaten: Herzgespann, Alkohol (38 Volumenprozent)

HERPESTINKTUR
nur äußerliche Anwendung

Verwendung: Fieberblasen

Zutaten: Melisse, Schöllkraut, Stinkender Storchenschnabel, Alkohol (38 Volumenprozent)

HUSTENTROPFEN

Verwendung: Husten

Zutaten: Königskerzenblüten, Spitzwegerich, Schlüsselblume, Eibischwurzel, etwas Süßholz, Alkohol (38 Volumenprozent)

INSEKTENSTICHTINKTUR
nur äußerliche Anwendung

Verwendung: Insektenstiche

Zutaten: Spitzwegerich, Hauswurz, Alkohol (38 Volumenprozent)

ISLÄNDISCH-MOOS-TINKTUR

Verwendung: Entzündungen der Mund- & Rachenschleimhaut, Reizhusten

Zutaten: Isländisch Moos, Alkohol (30 Volumenprozent)

KAPUZINERKRESSETINKTUR

Verwendung: Vorbeugung gegen Infektionen der Harnwege, Immunsystem, Erkältungskrankheiten, Mandelentzündungen

Zutaten: Kapuzinerkresse, davon die Blätter und Blüten, Alkohol (70 Volumenprozent)

KARDENWURZELTINKTUR

Verwendung: Borreliose, abwehrstärkend, Rheuma, Gicht, Hauterkrankungen

Zutaten: Wilde Kardenwurzel, Alkohol (60 Volumenprozent)

KNOBLAUCHTINKTUR

Verwendung: Bluthochdruck, Arterienpflege, Durchblutungsstörungen

Zutaten: Knoblauchzehen, Alkohol (70 Volumenprozent)

KOPFSCHMERZTROPFEN

Verwendung: Kopfschmerzen

Zutaten: Stinkender Storchenschnabel, Wermut, Mutterkraut, Alkohol (70 Volumenprozent), evtl. ätherisches Öl von Pfefferminze oder Rosmarin (dann zur äußerlichen Anwendung)

LEBER-GALLE-TROPFEN

Verwendung: Entgiftung, Anregung, regt den Fettstoffwechsel an, Gesunderhaltung der Leber

Zutaten: Löwenzahnwurzeln & -blätter, Schafgarbenkraut, Mariendistelsamen, Alkohol (38 Volumenprozent)

Löwenzahntinktur

Verwendung: Entgiftung, Appetitanregung, Durchspülung der Harnwege, Verdauungsförderung, Stoffwechselanregung

Zutaten: Löwenzahnwurzeln & -blätter, Alkohol (38 Volumenprozent)

Mädesüßtinktur

Verwendung: Schmerzen, Grippe, Entzündungen, Fieber, Erkältungen

Zutaten: Mädesüßblüten, Alkohol (50 Volumenprozent)

Muskeltonikum
nur äußerliche Anwendung

Verwendung: Muskelkater, Verspannung

Zutaten: Wacholderbeeren, Latschentriebe, Alkohol (70 Volumenprozent)

Pfefferminztinktur oder -likör

Verwendung: erfrischend, belebend, Übelkeit, Erbrechen, Verdauung, Kopfschmerzen

Zutaten: Pfefferminze, Alkohol (50 Volumenprozent), evtl. Zucker

Rosenlikör

Verwendung: antioxidativ, entzündungshemmend

Zutaten: duftende Rosenblüten (ungespritzt), evtl. etwas Ingwer, Zitronenschalen oder Zimt, Alkohol (38 Volumenprozent), Zucker

Rosmarintinktur oder -likör

Verwendung: Vitalisierung, Blutdrucksteigerung, Verdauung, Krampflösung

Zutaten: Rosmarin, Alkohol (50 Volumenprozent), evtl. Zucker

Rosskastanieneinreibung
nur äußerliche Anwendung

Verwendung: Venenpflege, Entzündungen, Ödeme, Krampfadern

Zutaten: Rosskastaniensamen, Alkohol (38 Volumenprozent)

Salbeitinktur oder -likör

Verwendung: Entzündungen im Mund und Rachen, Schweiß, Hitzewallungen, Halsschmerzen, Herpes

Zutaten: Salbei, Alkohol (50 Volumenprozent), evtl. Zucker

Schlaftropfen

Verwendung: besserer Schlaf

Zutaten: Lavendelblüten, Melisse, Johanniskraut, reifer Fruchtstand des Hopfens, Alkohol (38 Volumenprozent)

SCHLÜSSELBLUMENSCHNAPS ODER -LIKÖR

Verwendung: Husten, Katarrhe der Luftwege, Bronchitis

Zutaten: Schlüsselblumenblüten, Alkohol (30 Volumenprozent), evtl. Zucker

STINKENDER-STORCHENSCHNABEL-TINKTUR

Verwendung: Entzündungen, Herpes, Kopfschmerzen, Fruchtbarkeit, Ekzeme, Aphthen

Zutaten: Stinkender Storchenschnabel, Alkohol (50 Volumenprozent)

THYMIANTINKTUR ODER -LIKÖR

Verwendung: Bronchitis, Katarrhe der Luftwege, Entzündungen der Mundschleimhaut

Zutaten: Thymian, Alkohol (70 Volumenprozent), evtl. Zucker

VENENEINREIBUNG
nur äußerliche Anwendung

Verwendung: Venenpflege

Zutaten: Rosskastanien, Steinklee, ätherisches Rosmarinöl, Alkohol (70 Volumenprozent)

VERDAUUNGSSCHNAPS

Verwendung: Verdauung

Zutaten: Enzianwurzel, Beifuß, Alkohol (40 Volumenprozent)

WECHSELJAHRTROPFEN

Verwendung: Wechseljahrbeschwerden

Zutaten: Salbei, Weißdorn, Johanniskraut, Melisse, Schafgarbe, Kamille, Alkohol (38 Volumenprozent)

WEIDENRINDENTINKTUR

Verwendung: Fieber, Schmerzen, Entzündungen

Zutaten: Weidenrinde (geerntet im Frühling), Alkohol (40 Volumenprozent)

ZUBEREITUNG & HERSTELLUNG

KRÄUTER ERNTEN UND WURZELN GRABEN

DIE WICHTIGSTEN SAMMELREGELN!

- Sammle nur Pflanzen und grabe nur Wurzeln von Pflanzen, die nicht unter Naturschutz stehen! Welche das sind, ist je nach Region verschieden. Erkundige dich nach den jeweiligen Bestimmungen!
- Sammle die Pflanzen zum optimalen Zeitpunkt. Obst sollte vollreif sein, Kräuter und Wurzeln sollten den höchsten Wirkstoffgehalt haben.
- Sammle nur Pflanzen und Wurzeln, die du eindeutig identifizieren kannst.
- Sammle nur an sauberen Orten abseits von Straßen, die nicht von Hunden verschmutzt sind oder gedüngt werden.

KRÄUTER ERNTEN

- Auf mindestens zwei Tage Sonnenschein vor dem Sammeln achten, dann sind die ätherischen Öle und Wirkstoffe voll entwickelt.
- Ernte nur an trockenen, sonnigen Tagen.
- Sammle am besten kurz vor Mittag, dann sind die ätherischen Öle und Wirkstoffe voll entwickelt.
- Die Pflanzen sollten trocken sein.
- Schneide die Pflanzen am besten mit einem Porzellanmesser ab – so ist die „Verletzung" am kleinsten.
- Nimm nur so viel mit, wie du brauchst und auch verbrauchen kannst. Weniger ist mehr!
- An dem Ort, an dem gesammelt wurde, sollte man nicht sehen, dass jemand gesammelt hat.
- Nimm nie alle vorhandenen Pflanzen, sonst können sie sich nicht mehr vermehren.
- Verwende für den Transport der Pflanzen nur Körbe oder Papiersäcke. Kein Plastik!
- Verarbeite die Pflanzen so schnell wie möglich nach dem Sammeln, sonst gehen viele Wirkstoffe verloren!

Wurzeln graben

- Grabe die Wurzeln im Herbst oder im Vorfrühling, wenn die Kraft der Pflanze in der Wurzel steckt.
- Nimm nur so viel mit, wie du brauchst und auch verbrauchen kannst. Weniger ist mehr!
- An dem Ort, an dem gesammelt wurde, sollte man nicht sehen, dass jemand gesammelt hat.
- Nimm nie alle vorhandenen Pflanzen, sonst können sie sich nicht mehr vermehren.
- Verwende für den Transport der Pflanzen nur Körbe oder Papiersäcke. Kein Plastik!
- Wasche die Wurzeln mit klarem Wasser.
- Schneide sie mit einem Porzellanmesser klein.
- Verarbeite die Wurzeln nach dem Sammeln so schnell wie möglich, sonst gehen viele Wirkstoffe verloren!

Trocknen von Kräutern & Wurzeln

- Sortiere schlechte bzw. kranke Pflanzen aus.
- Trockne deine Schätze an einem schattigen, warmen und luftigen Ort.
- Nicht an der Sonne trocknen – da gehen zu viele Wirkstoffe verloren!
- Binde die Pflanzen zu kleinen Bündeln und trockne sie hängend.
- Pflanzen, die nicht gut zu bündeln sind, kannst du liegend auf Gittern trocknen.
- Verräume die Pflanzen dann, wenn sie rascheltrocken sind; am besten an einem trockenen Tag.
- Verwende luftdichte, dunkle Gefäße aus Blech oder Glas zum Verwahren der Pflanzen.
- Beschrifte die Gefäße mit Inhalt und Sammeldatum.
- Sieh zu, dass du die getrockneten Pflanzen innerhalb eines Jahres aufbrauchst. Durch lange Lagerung gehen Wirkstoffe verloren!

HERSTELLUNG EINER TINKTUR (ANSATZ ODER ANGESETZTER SCHNAPS)

Nach der Definition des europäischen Arzneibuches ist eine Tinktur ein alkoholischer Auszug aus getrockneten Heilpflanzen, meist in Alkohol mit 40 bis 70 Volumenprozent im Verhältnis 1:5 oder 1:10 (Pflanze zu Alkohol).

In diesem Buch wird der Begriff Tinktur der Einfachheit halber für alkoholische Auszüge von getrockneten oder frischen Heilpflanzen in Alkohol von unterschiedlichen Volumenprozenten verwendet. Verwendet man getrocknetes Pflanzenmaterial, beträgt das Verhältnis 1 Teil Pflanzen zu 5 Teilen Alkohol, bei frischen Pflanzen verändert sich das Verhältnis zu 1 Teil Pflanzen auf 10 Teile Alkohol.

Man kann Tinkturen aus allen Pflanzen herstellen. Verwende neutralen Alkohol für die Tinkturen. Wenn man keine frischen Pflanzen zur Verfügung hat, kann man auch getrocknete verwenden. Dort sind die Wirk- und Geschmacksstoffe konzentrierter enthalten und man braucht weniger Kräuter. Allerdings gehen durch das Trocknen Wirkstoffe verloren und das Aroma verändert sich. Achte immer darauf, Kräuter von bester Qualität zu verwenden. Nur gute Zutaten ergeben ein gutes Produkt.

VORTEILE EINER TINKTUR

- Alkohol löst viele pflanzlichen Wirkstoffe sehr gut aus
- lange haltbar (bis zu 10 Jahre)
- einfache Dosierung (kann in praktische Tropf- oder Sprühflaschen abgefüllt werden)
- immer verfügbar
- keine Zusatzstoffe enthalten
- leicht mitzunehmen

WICHTIGE TIPPS

- Verarbeite die Pflanzen so bald wie möglich nach der Ernte. Je länger es bis zum Ansetzen dauert, desto mehr Aroma- und Wirkstoffe gehen verloren.
- Schneide die Pflanzen mit einem Porzellanmesser so klein wie möglich, dann werden sie besser ausgezogen. Oder mörsere sie gleich mit etwas Alkohol, so bleiben die Wirkstoffe gebunden.
- Gib die klein geschnittenen Pflanzen in ein verschließbares Glas und bedecke sie gut mit Alkohol. Es sollten keine Pflanzenteile aus dem Alkohol herausragen. Achte darauf, dass Deckel und Dichtung für das Ansetzen mit Alkohol geeignet sind. Sollten Deckel oder Dichtung aus Plastik sein, dürfen diese nicht mit dem Alkohol in Berührung kommen.
- Lass die Pflanzen mindestens 2 Wochen im Alkohol an einem warmen Platz im Schatten ausziehen. NICHT in der Sonne!
- Schüttle das Glas ab und zu gut durch oder rühre den Inhalt um.

- Seihe die Pflanze mit dem Alkohol durch ein feines Tuch oder einen Filter ab. Geeignete Filter sind in verschiedenen Varianten im Fachhandel erhältlich.

- Fülle die Tinktur in eine saubere, dunkle Flasche ab, welche für die Lagerung von Alkohol geeignet ist. Praktisch sind kleine Fläschchen mit Tropfverschluss, sie erleichtern die Dosierung. Bei manchen Tinkturen bietet es sich an, sie in Sprühflaschen zu füllen, so sind sie einfach anwendbar.

- Beschrifte deine Flaschen mit Inhalt, Datum, Menge und Volumenprozent.

- Angesetzte Schnäpse sollten kühl und dunkel gelagert werden, aber nicht im Kühlschrank! Das verdirbt das Aroma!

- Eine Lagerung (Reifung) von drei bis sechs Monaten tut den Ansatzschnäpsen gut.

- Tinkturen bzw. Ansätze sind bis zu 10 Jahre haltbar.

WIE VIEL VOLUMENPROZENT?

Die meisten Wirkstoffe lösen sich bei 38 bis 50 Volumenprozent gut.

Harz	70 bis 80 Volumenprozent
Senföle & ätherische Öle	60 bis 80 Volumenprozent

Bei getrockneten Pflanzen besser weniger konzentrierten Alkohol verwenden, so werden die Zellwände besser durchdrungen.

VERDÜNNEN VON ALKOHOL?

Das ist leider nicht ganz so einfach. Da die Dichte von Alkohol und Wasser unterschiedlich ist, muss das Mischverhältnis für den gewünschten Alkoholgehalt berechnet werden. Dazu nutzt man am besten einen online verfügbaren Alkoholmischungsrechner. Mit diesen kann man sich für den Hausgebrauch die Verdünnung ausrechnen. Wobei auch das nicht zu 100 Prozent genau ist, da es beim Mischen von Wasser und Alkohol zu einer Verkleinerung des Volumens kommt und das nicht berücksichtigt wird.

Für eine exakte Berechnung und Mischung muss man allerdings zuerst die auf dem Etikett angegebenen Volumenprozent Alkohol in Massenprozent umwandeln, was ziemlich kompliziert ist. Da es für den Hausgebrauch nicht notwendig ist, den Alkoholgehalt ganz exakt zu kennen, werde ich nicht weiter darauf eingehen. Bei gewerblich hergestellten Spirituosen, Schnäpsen und Likören muss natürlich der exakte Alkoholgehalt auf dem Etikett stehen. Den ganz genauen Alkoholgehalt kann man nur durch eine Probedestillation feststellen.

DOSIERUNG VON TINKTUREN

- tropfenweise
- am besten vor der Mahlzeit
- 1-mal täglich zur Prophylaxe
- 2- bis 5-mal täglich bei akuten Beschwerden
- 10 bis 20 Tropfen pro Dosis

Kinder, Alkoholkranke und Schwangere sollten keinen Alkohol zu sich nehmen!

Beispiele
(bei einer Temperatur von 20° Celisius)

1000 ml Alkohol 96 Volumenprozent + 1526 ml Wasser = 2526 ml Alkohol 38 Volumenprozent
1000 ml Alkohol 96 Volumenprozent + 1400 ml Wasser = 2400 ml Alkohol 40 Volumenprozent
1000 ml Alkohol 96 Volumenprozent + 920 ml Wasser = 1920ml Alkohol 50 Volumenprozent
1000 ml Alkohol 96 Volumenprozent + 600 ml Wasser = 1600 ml Alkohol 60 Volumenprozent
1000 ml Alkohol 96 Volumenprozent + 371 ml Wasser = 1371 ml Alkohol 70 Volumenprozent
1000 ml Alkohol 96 Volumenprozent + 200 ml Wasser = 1200 ml Alkohol 80 Volumenprozent

Zum Alkoholrechner

LIKÖRE ANSETZEN UND MISCHEN

Liköre sind mit Zucker, verschiedenen Zuckerarten oder Honig gesüßte Spirituosen (die Basis bilden Brände, Spirituosen oder Ansatzschnäpse). Zudem werden Auszüge von Früchten, Beeren, Kräutern, Wurzeln oder Nüssen hinzugefügt. Meistens sind Liköre nicht so stark wie Brände oder Geiste. Der Mindestzuckergehalt beträgt 100 g pro Liter (Invertzucker). Bei Fruchtlikören beträgt der Mindestfruchtsaftgehalt 20 Liter pro 100 Liter Fertiggetränk. Der Alkoholgehalt muss mindestens 15 Volumenprozent betragen.

- Stelle einen Zuckersirup aus 1 Teil Wasser und 1 Teil Zucker her. Einfach beides in einen Topf geben und erwärmen, bis die Flüssigkeit klar ist. Nicht kochen!
- Verdünne die Tinktur nach Geschmack mit dem Zuckersirup.
- Fülle den Likör in eine saubere, dunkle Flasche ab, welche für die Lagerung von Alkohol geeignet ist.
- Beschrifte sie mit Inhalt, Datum und Menge und verwahre sie.
- Liköre können bei ca. 16 bis 18 Grad Celsius gelagert und genossen werden. Nicht im Kühlschrank! Das ist schlecht für das Aroma!

Herstellung & Anwendung von Einreibungen

- Hier geht man vor wie bei der Herstellung einer Tinktur.
- Hochprozentige Tinkturen zum Einreiben immer verdünnen. Hochprozentiger Alkohol wirkt austrocknend auf die Haut. Die fertige Einreibung sollte max. 40 Volumenprozent Alkohol enthalten.
- Für einen besonderen Duft und zusätzliche Wirkung können auch noch passende naturreine ätherische Öle nach dem Filtern hinzugefügt werden. Hier gilt ein Richtwert von 10 Tropfen pro 100 ml.

Bei einer Einreibung wird die Tinktur auf die Haut aufgetragen, über die dann die Wirkstoffe aufgenommen werden.

Einreibungsrichtungen

zum Herzen hin	anregende Wirkung
vom Herzen weg	beruhigende Wirkung
kreisförmig	hüllt ein und vermittelt Wärme
strichförmig	hilft Orientierung zu finden und sich abzugrenzen

WELCHES KRAUT IST GEGEN WELCHE KRANKHEIT GEWACHSEN?

ABWEHRSTÄRKUNG
Alpenbitter (S. 44), Bibernellenlikör & -schnaps (S. 50), Engelwurzlikör & -schnaps (S. 59), Heulikör & -schnaps (S. 74), Holunderlikör & -schnaps (S. 77), Johannisbeerlikör & -schnaps (S. 85), Meisterwurzschnaps (S. 101), Melissengeist (S. 104), Propolis-Tropfen (S. 116), Quittenlikör & -schnaps (S. 119), Tannenlikör & -schnaps (S. 128), Thymianlikör & -schnaps (S. 130)

APHRODISIAKUM
Arnikaeinreibung (S. 150)

APPETIT
Anregend: Bärwurzschnaps (S. 47), Iva (S. 82), Meisterwurzschnaps (S. 101)
Hemmend: Alpenbitter (S. 44)

ARTERIENVERKALKUNG
Johannisbeerlikör & -schnaps (S. 85)

ARTHRITIS
Johannisbeerlikör & -schnaps (S. 85)

ASTHMA
Bibernellenlikör & -schnaps (S. 50)

ATEMWEGSENTZÜNDUNGEN
Bibernellenlikör & -schnaps (S. 50), Holunderlikör & -schnaps (S. 77), Moosbeerlikör & -schnaps (S. 107)

AUSLEITUNG
Krautinger (S. 90)

BELEBUNG
Génépi oder Genepy (S. 69), Iva (S. 82), Krautinger (S. 90), Schlehenlikör & -schnaps (S. 125), Franzbranntwein (S. 153)

BERUHIGUNG
Heulikör & -schnaps (S. 74), Melissengeist (S. 104), Weißdornlikör & -schnaps (S. 141)

BEWEGUNGSAPPARAT (allgemein)
Zirbenlikör & -schnaps (S. 144), Franzbranntwein (S. 153)

HERPES

Melissengeist (S. 104), Propolis-Tropfen (S. 116)

HERZBESCHWERDEN

Bärwurzschnaps (S. 47), Bibernellenlikör & -schnaps (S. 50), Propolis-Tropfen (S. 116), Schlehenlikör & -schnaps (S. 125), Weißdornlikör & -schnaps (S. 141)

HERZRHYTHMUSSTÖRUNGEN

Nusseler (S. 110)

HEXENSCHUSS

Arnikaeinreibung (S. 150)

HUSTEN

Bibernellenlikör & -schnaps (S. 50), Engelwurzlikör & -schnaps (S. 59), Fichtenlikör & -schnaps (S. 66), Haselnusslikör & -schnaps (S. 72), Honiglikör (S. 80), Lärcherl (S. 92), Latschenlikör & -schnaps (S. 95), Propolis-Tropfen (S. 116), Quittenlikör & -schnaps (S. 119), Thymianlikör & -schnaps (S. 130), Vogelbeerlikör & -schnaps (S. 133), Wacholderschnaps & Gin (S. 136)

KEUCHHUSTEN

Thymianlikör & -schnaps (S. 130)

KOLIKEN

Schafgarbenlikör & -schnaps (S. 122)

KOPFSCHMERZEN

Melissengeist (S. 104), Thymianlikör & -schnaps (S. 130), Franzbranntwein (S. 153)

KRAMPF (lösend)

Engelwurzlikör & -schnaps (S. 59)

KRAMPFADERN

Schafgarbenlikör & -schnaps (S. 122)

KREISLAUF

Maristenliköre & -schnäpse (S. 98)

LUNGENLEIDEN

Engelwurzlikör & -schnaps (S. 59)

MAGEN UND DARM (beruhigend)

Bärwurzschnaps (S. 47)

MAGEN-DARM-BESCHWERDEN

Blutwurzlikör & -schnaps (S. 52), Engelwurzlikör & -schnaps (S. 59), Enzianschnaps (S. 62), Krautinger (S. 90), Latschenlikör & -schnaps (S. 95), Meisterwurzschnaps (S. 101), Moosbeerlikör & -schnaps (S. 107), Schafgarbenlikör & -schnaps (S. 122), Thymianlikör & -schnaps (S. 130), Wacholderschnaps & Gin (S. 136)

MENSTRUATION

Absinth (S.40), Génépi oder Genepy (S. 69), Preiselbeerlikör & -schnaps (S. 113), Schafgarbenlikör & -schnaps (S. 122), Thymianlikör & -schnaps (S. 130)

MIGRÄNE

Weichsellikör & -schnaps (S. 139)

MUSKELKATER

Latschenlikör & -schnaps (S. 95), Franzbranntwein (S. 153)

MUSKELKRÄMPFE

Melissengeist (S. 104)

MUSKELSCHMERZEN

Enzianschnaps (S. 62)

NERVENSCHMERZEN

Engelwurzlikör & -schnaps (S. 59)

NERVENSCHWÄCHE
Zirbenlikör & -schnaps (S. 144)

NERVOSITÄT (allgemein)
Melissengeist (S. 104)

NEURODERMITIS
Propolis-Tropfen (S. 116)

NIERENLEIDEN
Bärwurzschnaps (S. 47), Vogelbeerlikör & -schnaps (S. 133)

NIERENSTEINE
Bibernellenlikör & -schnaps (S. 50), Preiselbeerlikör & -schnaps (S. 113)

OHRENSCHMERZEN
Génépi oder Genepy (S. 69)

OSTEOPOROSE
Weichsellikör & -schnaps (S. 139)

POTENZ
Enzianschnaps (S. 62), Meisterwurzschnaps (S. 101)

PRELLUNGEN
Holunderlikör & -schnaps (S. 77), Arnikaeinreibung (S. 150)

PROSTATA
Nusseler (S. 110)

QUETSCHUNGEN
Arnikaeinreibung (S. 150)

RACHENENTZÜNDUNGEN
Propolis-Tropfen (S. 116)

RHEUMA
Absinth (S.40), Alpenbitter (S. 44), Bibernellenlikör & -schnaps (S. 50), Engelwurzlikör & -schnaps (S. 59), Enzianschnaps (S. 62), Holunderlikör & -schnaps (S. 77), Johannisbeerlikör & -schnaps (S. 85), Latschenlikör & -schnaps (S. 95), Preiselbeerlikör & -schnaps (S. 113), Propolis-Tropfen (S. 116), Thymianlikör & -schnaps (S. 130), Wacholderschnaps & Gin (S. 136), Arnikaeinreibung (S. 150)

SCHLAF (fördernd)
Maristenliköre & -schnäpse (S. 98), Melissengeist (S. 104), Weichsellikör & -schnaps (S. 139), Zirbenlikör & -schnaps (S. 144)

SCHLEIM (lösend)
Schlehenlikör & -schnaps (S. 125), Tannenlikör & -schnaps (S. 128), Thymianlikör & -schnaps (S. 130), Zirbenlikör & -schnaps (S. 144)

SCHMERZEN
Melissengeist (S. 104), Weichsellikör & -schnaps (S. 139), Franzbranntwein (S. 153)

SCHNUPFEN
Heulikör & -schnaps (S. 74), Propolis-Tropfen (S. 116)

SCHUPPENFLECHTE
Schafgarbenlikör & -schnaps (S. 122)

SCHWEISSTREIBEND
Génépi oder Genepy (S. 69), Iva (S. 82)

SODBRENNEN
Alpenbitter (S. 44)

STÄRKUNG (allgemein)
Enzianschnaps (S. 62), Meisterwurzschnaps (S. 101), Zirbenlikör & -schnaps (S. 144)

STOFFWECHSEL (Anregung)
Absinth (S.40), Propolis-Tropfen (S. 116), Weichsellikör & -schnaps (S. 139)

ÜBELKEIT
Chartreuse (S. 56), Zirbenlikör & -schnaps (S. 144)

UNIVERSALHEILMITTEL
Melissengeist (S. 104)

UNREINE HAUT
Absinth (S.40)

UNWOHLSEIN
Krautinger (S. 90)

VERBRENNUNGEN
Holunderlikör & -schnaps (S. 77)

VERDAUUNG (Stärkung, Förderung)
Absinth (S.40), Alpenbitter (S. 44), Bibernellenlikör & -schnaps (S. 50), Blutwurzlikör & -schnaps (S. 52), Chartreuse (S. 56), Engelwurzlikör & -schnaps (S. 59), Enzianschnaps (S. 62), Génépi oder Genepy (S. 69), Iva (S. 82), Klosterliköre & -schnäpse (S. 88), Melissengeist (S. 104), Moosbeerlikör & -schnaps (S. 107), Nusseler (S. 110), Schlehenlikör & -schnaps (S. 125), Vogelbeerlikör & -schnaps (S. 133), Wacholderschnaps & Gin (S. 136)

VERKÜHLUNGEN
siehe → Erkältungen

VERLETZUNGEN (stumpfe)
Arnikaeinreibung (S. 150)

VERSPANNUNGEN
Latschenlikör & -schnaps (S. 95), Franzbranntwein (S. 153)

VERSTAUCHUNGEN
Enzianschnaps (S. 62), Holunderlikör & -schnaps (S. 77), Arnikaeinreibung (S. 150)

VERSTOPFUNGEN
Holunderlikör & -schnaps (S. 77), Johannisbeerlikör & -schnaps (Rote Johannisbeere, S. 85), Quittenlikör & -schnaps (S. 119)

VÖLLEGEFÜHL
Alpenbitter (S. 44)

WECHSELJAHRBESCHWERDEN
Melissengeist (S. 104)

WOHLBEFINDEN (allgemein)
Klosterliköre & -schnäpse (S. 88)

WUNDEN
Enzianschnaps (S. 62), Génépi oder Genepy (S. 69), Holunderlikör & -schnaps (S. 77), Lärcherl (S. 92), Maristenliköre & -schnäpse (S. 98), Meisterwurzschnaps (S. 101), Propolis-Tropfen (S. 116), Schafgarbenlikör & -schnaps (S. 122), Thymianlikör & -schnaps (S. 130)

ZAHNFLEISCHENTZÜNDUNGEN
Blutwurzlikör & -schnaps (S. 52), Propolis-Tropfen (S. 116)

Weitere hilfreiche alkoholische Ansätze (Tinkturen) gegen eine Vielzahl an Wehwehchen und Krankheiten finden Sie in unserer Hausapotheke ab Seite 158.

LITERATUR

Abraham, Hartwig – Thinnes Inge: Hexenkraut und Zaubertrank, Freund, 1997.

Achmüller, Arnold: Alpenmedizin, Raetia Verlag, gebundene Ausgabe, 2018.

Achmüller, Arnold: Wickel, Salben und Tinkturen: Das Kräuterwissen der Bauerndoktoren in den Alpen, Raetia Verlag, 2016.

Arntz, Helmut: Weinbrenner. Die Geschichte vom Geist des Weines, See Comments; 1. Edition 1975.

Ausserer, Oskar: Volksmedizin in Tirol. Ein EU Interreg-II-Projekt, 2001.

Beiser, Rudi und Ell-Beiser, Helga: Heilpflanzen-Tinkturen, Ulmer Verlag, 2017, 2022.

Dioskurides Pedanios: De materia medica, 1. Jhdt. n. Chr., Übersetzung von Julius Berendes, 1902.

Dörler, Gerhard: Alt-Tiroler Naturapotheke. Wirksame Rezepte aus acht Jahrhunderten, Pinguin Verlag, 1986.

Hofmann, Heini: Iva – der Geist der „wilden Fräulein", DOX Medical, 2013.

Jäger, Peter: Das Handbuch der Edelbranntweine, Schnäpse, Liköre, Leopold Stocker Verlag, 2006.

Juen, Wendelin – Wieser, Johannes – Böhm, Thomas: Das Tiroler Schnapsbuch, Edelbrände mit Tradition, Tyrolia Verlag, 2. Auflage, 2007.

Mayr, Christoph: Das Buch der guten Geister, Athesia Verlag, 3. Auflage, 2016.

Pieper Bruchmann/Kolb: Technologie der Obstbrennerei, Verlag Eugen Ulmer, 1993.

Stern, Cornelia – Ell-Beiser, Helga: Phytotherapie in Theorie & Praxis, at Verlag, 2022.

Süßmuth, Astrid: Lexikon der Alpenheilpflanzen. Heilkunde und überliefertes Wissen, at Verlag, 2013.

Zauner, Christoph: Geschichte der Destillation. Von der Übernahme durch die Europäer bis zur industriellen Branntweinerzeugung, Universität Wien, 2002.

ONLINE-QUELLEN:

Solothurn, Zentralbibliothek, Cod. S 386, Vorderseite – Medizinische Sammelhandschrift http://www.e-codices.ch/de/zbs/S-0386/bindingA/ 0/Sequence-1119

https://de.wikipedia.org/wiki/Kleines_Destillierbuch#:~:text=Das%20Kleine%20Destillierbuch%20des%20Straßburger,zü%20distilieren%20die%20eintzigen%20ding.

https://www.copper-alembic.com/de/seite/geschichte-alkoholdestillation

https://www.lebensmittelbuch.at

https://info.bml.gv.at/themen/lebensmittel/trad-lebensmittel/getraenke/obstler.html

Alkoholrechner:

https://www.glas-shop.com/mehrinteressante-artikel/trinkalkohol-weingeist/alkoholrechner.php

BEZUGSQUELLEN

Blutwurz, Bärwurzschnaps
BRENNEREI PENNINGER, Alte Hausbrennerei Penninger GmbH
Saßbach 2, 94065 Waldkirchen, Deutschland, www.penninger.de

Edelbrände
BRENNEREI ROCHELT GmbH
Innstraße 2, 6122 Fritzens, Österreich, www.rochelt.com

Génépi
GÉNÉPI DES SOMMETS
89 avenue de la Muzelle, 38860 Les 2 Alpes, Frankreich, www.genepi-des-sommets.com

Edelbrände, Traditionelle Tiroler Schnäpse, Liköre
GIGGUSBRENNEREI
Nr. 67, 6500 Stanz bei Landeck, Österreich, www.giggus.at

Edelbrände, Liköre
JP-FEINDESTILLERIE KÖSSLER
Nr. 57, 6500 Stanz bei Landeck, Österreich, www.edelbraendetirol.at

Iva-Likör
MIA IVA Gmbh
Pedvi 24, 7559 Tschlin, Schweiz, www.miaiva.ch

Krautinger
SCHNAPSBRENNEREI STEINERHOF
Endfelden 84/1, 6311 Wildschönau, Österreich, www.pension-steinerhof.at

Angesetzte Schnäpse, Liköre, Einreibungen
ZAMMER KRÄUTERHEX
Sanatoriumstraße 24, 6511 Zams, Österreich, www.zammerkraeuterhex.com

Räuchern
in den Alpen
Michaela Thöni-Kohler
Altes Wissen und
stärkende Rituale
für alle Lebenslagen

DIE AUTORIN

Mag.[a] phil. Michaela Thöni-Kohler, geboren 1975, aufgewachsen im Tiroler Oberland, wo sie mit ihrer Familie heute lebt. Seit 1998 als Kommunikations-Designerin tätig. Den Grundstein für ihr Interesse an Heilpflanzen legte vor Jahren ihr Großvater. Seit der Ausbildung zur Kräuterexpertin ist ihre Freude daran ungebrochen. Seit vielen Jahren gibt sie ihr erworbenes Wissen über Wildkräuter und Heilpflanzen bei individuell abgestimmten Kursen, Seminaren, Workshops und Vorträgen weiter.

Mehr Infos unter: www.zammerkraeuterhex.com

WICHTIGER HINWEIS:
Die in diesem Buch angeführten möglichen Heilwirkungen von Pflanzen und Zubereitungen sind nicht als ärztliche Handlungsempfehlungen zu verstehen und ersetzen keinesfalls die fachliche Beratung durch einen Arzt oder Apotheker. Für allfällige Schäden wird keine Haftung übernommen.

GENUSS VON ALKOHOL:
Alkohol sollte nur in Maßen genossen werden. Zu viel Alkohol schädigt die Gesundheit und kann zur Abhängigkeit führen. Konsumieren sie Alkohol verantwortungsvoll. Kinder, Jugendliche und Schwangere sollten keinen Alkohol zu sich nehmen. Lesen sie mehr dazu unter: www.sozialministerium.at/Themen/Gesundheit/Drogen-und-Sucht/Alkohol.html

Nachhaltige Produktion ist uns ein Anliegen; wir möchten die Belastung unserer Mitwelt so gering wie möglich halten. Über unsere Druckereien garantieren wir ein hohes Maß an Umweltverträglichkeit: Wir lassen ausschließlich auf FSC®-Papieren aus verantwortungsvollen Quellen drucken, verwenden Farben auf Pflanzenölbasis und Klebestoffe ohne Lösungsmittel. Wir produzieren in Österreich und im nahen europäischen Ausland, auf Produktionen in Fernost verzichten wir ganz.

Umschlaggestaltung: Tyrolia-Verlag, Innsbruck
Layout und digitale Gestaltung: Tyrolia-Verlag, Innsbruck
FOTOS: Kary Wilhelm: S. 1-11, S. 21, S. 27, S. 31, S. 33–35, S. 37, S. 156, S. 161, S. 167–178, S. 190, S. 179 | Michaela Thöni-Kohler: S. 8–9, S. 24, S. 34 links unten, S. 41, S. 43, S. 45–154, S. 164 | Adobe Stock: S. 6, S. 66, S. 187 | Illustration S. 19: Michaela Thöni-Kohler | Botanische Illustrationen: www.biolib.de
Druck und Bindung: Florjančič, Maribor
ISBN 978-3-7022-4219-0
E-Mail: buchverlag@tyrolia.at
Internet: www.tyrolia-verlag.at